dtv

»Lass dich doch nicht so hängen! Gib dir halt ein bisschen Mühe!« Viele Gesunde glauben, Depression sei eine Charakterschwäche und mit Disziplin und ein wenig Härte zu sich selbst könne man ihr schon beikommen. Zweifelt nicht jeder mal an sich? Hat nicht jeder mal Ängste und Sorgen und sieht alles Grau in Grau? Tatsächlich sind viele Symptome so verbreitet, dass sie fast als normal erscheinen, doch nicht immer sind sie nur Zeichen einer vorübergehenden Krise. Manchmal verbirgt sich dahinter eine schwere Krankheit.
Merle Leonhardt ist 26 und hat gerade ihr Psychologiestudium abgeschlossen, als sie ohne äußeren Anlass die Freude an allem verliert. Der massive Stimmungseinbruch zieht körperliche Schwäche, Vernichtungsängste, Panikattacken, Auflösungsgefühle bis hin zu Selbstmordabsichten nach sich. Eine ambulante Therapie bleibt ohne Wirkung, schließlich kommt es zur Einweisung in eine psychiatrische Klinik. Es dauert lange, die Depression in den Griff zu bekommen. Doch es gelingt. Merle Leonhardt hat das Ende des Tunnels erreicht. Ihr Blick zurück ist analytisch und berührend zugleich.

Merle Leonhardt studierte Psychologie in Norddeutschland und den USA. Heute arbeitet sie als Psychologische Psychotherapeutin.

Merle Leonhardt

Als meine Seele dunkel wurde

Geschichte einer Depression

dtv

Originalausgabe 2011
5. Auflage 2017

Umschlagkonzept: Balk & Brumshagen
Umschlagfoto: Trevillion Images/Daniel Murtagh
Satz: Bernd Schumacher
Gesetzt aus der Garamond 10/12,5·
Druck und Bindung: Druckerei C.H.Beck, Nördlingen
Gedruckt auf säurefreiem, chlorfrei gebleichtem Papier
Printed in Germany · ISBN 978-3-423-34660-3

Inhalt

Sturz ins Nichts

Ende September 2000

Am Tag, als meine Freundin das Rauchen aufgab, stürzte ich kopfüber in den Abgrund.

Mit Decken auf den Knien saßen Svenja und ich vor einem Café. Es war einer dieser warmen Spätsommernachmittage, an denen die Sonne schon recht niedrig steht und ihr Licht wie in einem letzten tiefen Ausatmen vor dem kommenden Herbst die Straßen überflutet. Ihre Strahlen brachen sich in den Gläsern, die vor uns standen. Svenja hatte gerade das Rauchen aufgegeben, wir lästerten über andere, die das nicht geschafft hatten, besprachen ausgiebig die Vorteile des Nicht-Rauchens und hatten – das Studium gerade abgeschlossen – das erhebende Gefühl, an der Schwelle zur Zukunft zu stehen. Es bestand kein Zweifel, dass wir ihr optimistisch entgegenblicken konnten. Mitte zwanzig, seit sechs Wochen Diplom-Psychologin. Dipl.-Psych. Merle Leonhardt: Das war ich. Hörte sich gut an.

Seit ich sechzehn war, wollte ich Psychotherapeutin werden. Meine erste Begegnung mit Psychologie hatte ich in unserer Stadtbibliothek gehabt. Angefangen bei einem Buch über Graphologie – der Kunst, aus der Handschrift die Persönlichkeit des Schreibers zu beurteilen – bis hin zu Selbsterfahrungsratgebern hatte ich alles gelesen, was sich dort finden ließ. Ich erkannte mich in vielen Beschreibungen wieder und war besonders fasziniert von den Möglichkeiten, Kindern psychotherapeutisch zu helfen. In meiner eigenen Kindheit hatte ich immer wieder unter meiner Schüchternheit und Zurückhaltung gelitten, und so war ich überzeugt, mich gut in andere Kinder einfühlen und ihnen dadurch eine Hilfe sein zu können. Irgendwie hatte ich damals selbst immer auf jemanden gewartet, der mich unterstützen würde, und der Gedanke, mit meinen eigenen Erfahrungen nun anderen zu helfen, schien mich mit den Schwierigkeiten der Vergangenheit auszusöhnen.

So beschloss ich, Psychologie zu studieren. Während des Grundstudiums wurden viele sozialpsychologische Fragestellungen aufgeworfen: Warum schauen Menschen einfach nur zu, wenn jemand überfallen wird, anstatt einzugreifen? Was erklärt, warum sich zwei Menschen ineinander verlieben? Unter welchen Umständen werden ganz normale Menschen zu grausamen Tätern? Spannend!

Schließlich führte mich mein Studium für zwei Semester in die USA, wo mich die theoretische Psychologie begeisterte. Ich liebte es, über die verschiedenen philosophischen Standpunkte und Menschenbilder der einzelnen Therapieschulen zu diskutieren. Was entsprach meinem Bild von mir und anderen Menschen und wo konnte ich mich überhaupt nicht wiederfinden? Gibt es so etwas wie den freien Willen oder ist alles deterministisch vorbestimmt? Nächtelang saß ich über Hausarbeiten und Büchern, und voller Ideen kehrte ich nach Hause zurück.

Ich legte meine Prüfungen ab, befasste mich für meine Diplomarbeit mit der Diagnostik von Persönlichkeitsstörungen und brütete über der Frage: Was ist noch normal, was schon krank? Der Professor, der mich betreute, schlug mir vor, über dieses Thema zu promovieren. Wie konnte ich wissen, dass ich sehr bald ganz andere, praktische Erfahrungen mit Psychotherapie sammeln würde, die meine Pläne gänzlich über den Haufen werfen sollten?

Trübe Stimmung legte sich wie ein Grauschleier über mich. Ich trank von meiner Cola und wunderte mich über den faden Geschmack. Svenja fragte mich, ob wir nachher noch durch die Stadt bummeln wollten. Ihre Frage erreichte mich wie aus einer anderen Welt. Ich nickte und versuchte, mir nichts anmerken zu lassen. Was geschah? Zunächst fühlte es sich an wie eine leichte Übelkeit. Kaum greifbar und doch unangenehm. Dann sackte meine Fröhlichkeit in sich zusammen, als sei ihr die Luft ausgegangen. Es war, als hätte mir gerade jemand eine schlimme Nachricht überbracht und ich fiele in eine Art graues Nichts. Mit erschreckender Lautlosigkeit. Langsam, aber unaufhaltsam. Ich fühlte mich entsetzlich schwer und müde. Die Sonne blendete nur noch.

Scheinbar grundlose Stimmungseintrübungen waren mir aus der Vergangenheit nicht unbekannt. Stunden namenloser, großer Einsamkeit, in denen ich mich und meine Umgebung nicht spürte wie sonst. Alle Menschen unerreichbar fern. Irgendwann tauchte ich dann wieder auf und wunderte mich, dass die Welt noch stand. Versuchte, die Angst, die ich dabei empfunden hatte, zu vergessen. Das gelang mir ganz gut. Diese dunkle Seite konnte nichts mit mir zu tun haben, denn im Grunde war ich fröhlich, gut gelaunt, kraftvoll, energisch.

Doch ich war vorsichtig geworden. Dieser fremdartige Zustand musste vermieden werden. Sonntagnachmittage wurden mit angestrengter Aktivität oder einem ausgedehnten Schläfchen gefüllt. Nach Hause kommen, von zu Hause weggehen, Enttäuschungen, Übergänge – all das konnte meine Stimmung zum Kippen bringen. Aber ich wusste damit umzugehen. Ging aktiv meinen Weg. Meine Freunde schätzten meinen Humor. Niemand hätte geahnt, dass da etwas so Bedrohliches in mir lauerte.

Vor einem halben Jahr hatte ich deswegen eine Therapie begonnen. Ich fühlte mich zwar nicht wirklich krank, wenngleich … Irgendetwas stimmte ja wohl nicht – mein Selbstwertgefühl schwankte häufig, ich war unsicher in Gesellschaft und einsam ohne und außerdem führte ich einen beständigen Kampf mit meinem Gewicht. Aber das war doch normal, oder? Das kennt doch jeder. Diäten. Miese Stimmung. Und ein kritischer Blick auf sich selbst kann ja niemandem schaden. Damit hatte ich mich lange beruhigt. Aber war es auch normal, dass es so anstrengend war, sich einigermaßen sicher zu fühlen? Sicher wovor? Vor Einsamkeit? Vor Verlassenheit? Ich wusste es nicht. Und dann ständig dieses Gefühl, kämpfen zu müssen um Stabilität, Ausgeglichenheit. Darum, den Boden unter den Füßen zu behalten. Eine ähnliche Empfindung hatte ich mal auf einem Floß gehabt. Jede Lageveränderung musste ausbalanciert, auf Strömungen musste geachtet werden. Das ist zwar nicht dramatisch, aber mühsam.

Einmal hatte ich wegen einer Erkrankung der Gesichtsnerven das Medikament Carbamazepin genommen. Binnen weniger Tage war ich schwer depressiv geworden. Ein weinendes Häufchen Elend. Suizidal. Fast ein bisschen verrückt. Aber das hatte ja nichts mit mir zu tun gehabt. War nur eine Nebenwirkung. Stand sogar auf dem Beipackzettel. Das war wieder verschwunden. Aber eine diffuse Angst war geblieben.

Diplom, Familie, Freundeskreis, Amerikaaufenthalt, Laufen, Chor, Kirche, Nachmittage im Park – war alles gut und schön. Sollte Sicherheit geben. Die Angst verringern. Und es machte ja auch Spaß, war sinnvoll, hatte ich gestaltet. Ich kann gestalten. Ich kann, weil ich will. Was aber immer präsent war, war die Anstrengung. Das Bemühen, alles richtig zu machen. Naja, vielleicht nicht alles, ich bin schließlich kein Perfektionist. Aber halt die wichtigen Dinge. Die zwischenmenschlichen. Darüber grübelte ich stundenlang nach.

Ich machte mir oft Sorgen darüber, was meine Freunde von mir dachten. Ob ich mich blöd verhalten hatte. Ging ganze Gespräche in Gedanken noch einmal durch. Doch kaum jemand nahm meine Unsicherheit wahr. Wenn ich darüber sprach, schüttelten gewöhnlich alle ungläubig den Kopf. Und eigentlich wusste ich doch, dass sie mich mochten. Oder? Der Zweifel blieb.

Als ich auf die Idee mit der Therapie kam, war ich eigentlich auf der Suche nach fachlich qualifizierter Beruhigung. Von dem Gespräch mit dem Therapeuten der Psychosozialen Beratungsstelle, an die ich mich zunächst wandte, versprach ich mir, dass er mir einfach erklären würde, dass es keinen Grund zur Besorgnis gäbe, dass ich mich ganz sicher mit mir fühlen könne und alles in bester Ordnung sei. Jeder strengt sich an. Jeder fühlt sich in bestimmten Situationen ein wenig unsicher. Ab und zu, immer mal wieder. Das ist das Leben. Mit einer offiziellen Bestätigung wäre mein Empfinden sozusagen amtlich »normal« und ich würde mich damit beruhigen können, sollte dieses Gefühl erneut auftauchen. In meiner Phantasie lächelte der Therapeut ein wenig und sagte: »Ach, Frau Leonhardt, wissen Sie, Sie machen schon alles richtig. Sie brauchen sich wirklich keine Sorgen zu machen. Diese Unsicherheit und diese Traurigkeit, das sind nicht Sie. Das sind die Hormone. Oder das Wetter.« Nun, dann würde ich eben auf besseres Wetter warten.

So hatte es mich ziemlich erschreckt, als der Psychologe mir stattdessen geraten hatte, mich an einen »richtigen«, niedergelassenen Therapeuten zu wenden – ich brauchte seiner Ansicht nach mehr als nur die fünfzehn Stunden Therapie, die die Beratungsstelle anbieten konnte. Hieß das, dass diese Stimmungsschwankungen doch etwas mit mir zu tun hatten? Dass es nicht nur am Wetter lag? Dass ich doch nicht normal war? Ich war nicht nur erschrocken, sondern auch gekränkt.

Das hatte ich nicht erwartet. Wie konnte er mir eine Therapie empfehlen? Ich war doch nicht gestört! Verdammt, das war nicht abgemacht gewesen! Ich erzählte Svenja davon und lachte über mich selbst. Mit meinem Lachen versuchte ich mich zu beruhigen und den Schrecken zu vergessen.

Nachdem ich meinen verletzten Stolz überwunden hatte, suchte ich mir tatsächlich einen niedergelassenen Therapeuten. Der erste Versuch war ein Desaster. Ich hatte das Gefühl, dass er überhaupt nichts von mir wissen wollte, sondern mich nach wenigen Sätzen in eine Schublade packte, deren Beschriftung so gar nichts mit irgendetwas zu tun hatte, das ich in Bezug auf mich wichtig fand. Hörte er eigentlich mir zu oder nur der Stimme in seinem Kopf? Er nickte nur und fragte, ob ich denn genügend Therapiemotivation mitbrächte. Ich war unheimlich wütend und hätte gern die Tür geknallt. Oder mit etwas geworfen. Mit etwas Hartem.

Schließlich fand ich Herrn Lehmann. Er war groß und dünn und trug einen braunen Anzug und Schnürstiefel. Er hatte ein Schnurrbartgesicht, aber trotz all der Stunden, die wir zusammengesessen haben, weiß ich nicht mehr, ob er wirklich einen Bart trug. Als er mir zur Begrüßung die Hand schüttelte, verbeugte er sich leicht. Vielleicht beugte er sich auch nur zu mir herunter. Ich bin nicht sonderlich groß. Aber es wirkte sehr aufmerksam.

Pragmatisch, ehrlich, humorvoll, Verhaltenstherapeut. Ich mochte ihn gleich. Ich spürte die vage Hoffnung, dass mit seiner Hilfe alles irgendwie gut werden würde, sowie eine mir eigene und mich selbst zunehmend verstörende Anhänglichkeit. Vermutlich sah ich ihn mit einem flehentlichen Hundebabyblick an: bitte, bitte lieb haben! Große Augen. Dunkel. Um Zuneigung bettelnd. Ziemlich demütigend. Ich krümmte mich innerlich jedes Mal zusammen, wenn ich mir dessen bewusst wurde. Mir wurde übel. Verdammt noch mal! Ich bin erwachsen! Hundebabyblicke sind da fehl am Platz.

Vor meiner zweiten Therapiestunde hatte ich einen Traum: Ich komme in die Praxis, und Herr Lehmann stellt mich einer anderen Patientin vor, die er viel interessanter findet als mich. Er fragt mich, ob ich sie nicht auch großartig fände. Deswegen soll ich meine Therapiestunde an sie abtreten. Ich tue so, als würde es mir nichts ausmachen, fühle mich aber so elend, dass ich mich verkriechen und weinen möchte.

Als ich am nächsten Morgen in die Praxis kam, musste ich lange warten. Zwanzig Minuten ... dreißig Minuten. Hatte ich mich im Termin geirrt? Ich sah in meinen Kalender. Da stand: Viertel vor neun. Inzwischen war es halb zehn. Herr Lehmann hatte tatsächlich meinen Termin vergessen. Wie konnte er nur? Ich war verletzt, doch das durfte ich nicht zeigen. Es hätte ja verraten, dass er mir möglicherweise wichtiger war als ich ihm. Vielleicht hätte er sogar die um Zuneigung bettelnden Hundebabyaugen gesehen und mich lästig gefunden. Vorsichtig versuchte ich also, erst einmal gar nichts zu fühlen. Das Ganze war mir doch egal: ob Herr Lehmann kam oder nicht. So wichtig war er mir gar nicht. Sollte er mich ruhig vergessen. Das passiert einfach und hat gar nichts zu bedeuten. Punkt. Ausrufezeichen! Nein, lieber doch kein Ausrufezeichen. Da schöpft man sofort Verdacht. Es bleibt also dabei: Das hat nichts zu bedeuten. Macht mir gar nichts. Ich bin kein Hundebaby. Punkt. Als er schließlich kam, entschuldigte er sich, und ich tat so, als sei es gar nicht schlimm gewesen. Wir plauderten über dieses und jenes. Ich hielt das für erwachsen.

Herr Lehmann ließ mich einige Testbögen ausfüllen und fragte mich in der nächsten Stunde, ob ich meine Antworten ernst meinte. Die Auswertung lasse auf eine Depression schließen. Bitte?! Ich habe doch keine Depression. Das wüsste ich. Ich bin Psychologin. Kleinere Stimmungseinbrüche hat doch jeder. Aber sonst: kein Rückzug, keine Appetit- oder Schlafprobleme, keine Konzentrationsschwierigkeiten, keine Suizidalität, kein Interessenverlust. Mein unstabiles Selbstwertempfinden hoffte ich ja unter »normal« abheften zu können, und abgesehen von den Zeiten, in denen ich mich fremd in meiner Haut fühlte, fühlte ich mich wohl bis großartig. Gut, da war die immer wiederkehrende Angst, aber das war wohl eher eine Sorge. »Angst« wäre eigentlich schon übertrieben. Und irgendwelche Sorgen macht sich doch jeder …

Dennoch schwankte ich zwischen Bagatellisierung und einem flehentlichen: Bitte, bitte, kümmern Sie sich darum. Um mich. Um die Depression. Um was auch immer. Aber kümmern Sie sich doch bitte.

Das habe ich natürlich nicht gesagt. Und auch versucht, nicht zu denken. Stattdessen feierte ich meinen sechsundzwanzigsten Geburtstag mit einem dreitägigen Fest und intensivierte meine Anstrengungen. Ging morgens um sechs joggen, danach frühstücken, beendete meine Diplomarbeit und arbeitete als wissenschaftliche Hilfskraft an der Uni. Wenn man dies alles auf die Reihe bringt, ist man kein Hundebaby, kein depressiver Mensch auf der Kippe, sondern ein ganz normaler Erwachsener.

Die Therapie faszinierte mich. Sog mich auf. Ich hasste und liebte gleichzeitig den Gedanken, dass Herr Lehmann sich um mich kümmerte. In seinen ersten Ferien erlebte ich mich brüchig.

Doch an jenem Donnerstagnachmittag im Eiscafé rutschte all dies in die Bedeutungslosigkeit hinab. Das war kein Spiel mehr. Nichts Hundebaby-Niedliches. Ich ging nach Hause mit dem bestimmten Gefühl, mich vor einer drohenden Gefahr retten zu müssen. Ich hatte nur noch das Bedürfnis, mich zu verkriechen und allein zu sein, und fragte mich im selben Moment, ob mir das helfen oder mich noch tiefer in den Abgrund stoßen würde?

Nichts war mehr sicher. Einfache Fragen blähten sich zu schier unüberwindlichen Problemen. Was sollte ich essen? Sollte ich zum Chor gehen? Oder lieber nicht? Oder doch? Ich wollte auf jeden Fall gegen diese Düsternis ankämpfen. Aber was würde am ehesten nützen? Würde ich mich schlechter fühlen, wenn ich früh ins Bett ging oder spät? Musik hören oder fernsehen? Meine Mutter anrufen? Kleinigkeiten bekamen plötzlich eine gewaltige Dimension.

Nach einer schlechten Nacht fuhr ich zu meinen Eltern in der Hoffnung, dass ich mich dort sicherer fühlen würde – dass mir die Gespenster des vergangenen Abends dorthin nicht folgen konnten. Aber auch bei meinen Eltern wurde ich von einer ungekannten inneren Unruhe getrieben. Ich war einsam, von der wirklichen Welt wie durch eine schlierige Glaswand getrennt. Alle Geräusche, die zu mir durchdrangen, klangen ungewohnt hohl. Es gab keinen spürbaren Kontakt mehr. Das bunte Treiben in meiner Familie erreichte mich nicht mehr. Gleichzeitig war ich merkwürdig aufgedreht.

Schon am nächsten Tag kehrte ich nach Hause zurück. Während der Zugfahrt überkam mich ein rätselhaftes Schwächegefühl. Wie bei einer Grippe. Hatte ich vielleicht Grippe? Dafür hätte ich jetzt einiges gegeben. Das wäre handhabbar. Eigentlich wollte ich am Nachmittag mit ein paar Freunden wegfahren. Auf diesen Ausflug hatte ich mich schon wochenlang gefreut. Jetzt war er mir nur noch eine Last. Ich wusste, ich würde es nicht ertragen können mitzufahren.

Ich rief eine Freundin an, bat sie, mich vom Bahnhof abzuholen, weil ich mich zu schwach fühlte, um allein mit dem

Bus zu fahren, und sagte den Ausflug ab. Ich wollte nur noch in meine Wohnung und allein sein. Allein sein? Mit anderen zusammen sein? Ich wusste nicht mehr, was besser und was schlimmer war. Immer das jeweils andere jedenfalls. So pendelte ich zwischen Familie, Freunden, Rückzug. Ich beschloss, das Wochenende im Bett zu verbringen. Momentan schien mir dies die größte Sicherheit zu bieten, und Sicherheit war das, was ich am meisten brauchte.

Ich lieh mir Filme aus. Nur nicht grübeln. Die Zeit sollte einfach so schnell wie möglich verstreichen und ich wollte so wenig wie möglich davon mitbekommen. Noch nie hatte ich etwas Ähnliches erlebt. Ich hoffte, dass dieser namenlose Zustand so plötzlich verschwinden würde, wie er gekommen war.

Vorsichtshalber legte ich mir allerdings die Nummer der Telefonseelsorge zurecht. Auf einmal erschien es mir unheimlich wichtig, einen Plan zu haben, an den ich mich im Notfall halten konnte. Gleichzeitig dachte ich: in welchem Notfall, bitte??! Weiter wollte ich lieber nicht denken.

Am Sonntag war Landtagswahl und das interessierte mich. Oder besser: hatte mich interessiert. Noch vor wenigen Tagen. Jetzt brachte ich es kaum über mich, wählen zu gehen. Kurz vor sechs zog ich mir schließlich etwas über und machte mich auf den Weg in das nächste Wahllokal die Straße runter. Für die fünfhundert Meter brauchte ich eine halbe Ewigkeit. Mir schien es, als müsste ich ein magnetisches Feld überwinden, das meine Füße an die Straße fesselte. Nur mit Mühe schaffte ich es, mich aufrecht zu halten. Lächeln konnte ich nicht mehr. Mein Gesicht war wie versteinert.

Wenn ich mich an diesen Tagen im Spiegel betrachtete, sah ich nicht mehr mich, sondern nur eine seelenlose Maske. Dieser Eindruck war so stark und so erschreckend, dass ich um jeden Spiegel einen weiten Bogen machte. Meine Angst wurde immer größer – ich fürchtete, dass mein Geist, meine Seele, mein psychisches Ich sterben würden. Das, was mich im Innersten ausmachte, war in Gefahr. Der Kern meines Selbst. Ich litt Todesangst.

Obwohl es mir bis Montag immer schlechter ging, brachte ich es doch nicht über mich, jemanden um Hilfe zu bitten. Zum einen konnte ich mich nicht entscheiden, wen ich anrufen sollte, zum anderen fehlten mir die Worte und Namen, um meinen Zustand zu beschreiben. Wem sollte ich sagen, ich fürchte zu sterben, nicht nur physisch, sondern auch psychisch? Wer sollte das verstehen? Und was könnte derjenige dann tun? Ich war wie gelähmt. Stundenlang saß ich auf meinem Schreibtischstuhl mitten im Zimmer und starrte blicklos vor mich hin. Der Gedanke, dass mir jemand helfen könnte, erschien mir immer abwegiger. Konnten Menschen überhaupt in irgendeiner Weise hilfreich sein?

Schließlich entschied ich mich, in die Stadt zu gehen. So zu tun, als sei alles in Ordnung. Vielleicht würde mir das ja guttun. Ein bisschen Ablenkung. Aber ich kam nicht mal bis zum Beginn der Fußgängerzone. Das Gefühl der Bedrückung wurde so groß, dass es mir die Luft abschnürte. Ich fing an zu schwitzen. Konnte mich beim besten Willen nicht dazu durchringen weiterzugehen. Musste umkehren. Auf dem Rückweg kaufte ich mir eine Packung Schmerztabletten – nur für den Fall.

Endlich war Dienstag. Therapie. Ich war bestimmt zwanzig Minuten zu früh im Wartezimmer. Statt mich, wie sonst auch, gemütlich hinzusetzen, ging ich ruhelos im Raum umher und sah aus dem Fenster. Aber weder die Sonne noch das Malergerüst am Haus nebenan drangen in mein Bewusstsein.

Auch hier hatte ich wieder das Gefühl, dass alles um mich herum unwirklich war. Die Welt und ich – wir passten nicht mehr zueinander. Ich war aus dem Takt geraten und hingefallen, während alle anderen weitertanzten.

Ich erinnerte mich an einen Traum, den ich zu Beginn der Therapie gehabt hatte. Darin treffe ich mich mit Svenja in einem großen Haus. Wir sind im Foyer. Es wird spät und ich sehe auf die Uhr. Ich muss gehen. Ich habe einen Termin mit Herrn Lehmann und will pünktlich sein. Jemand hat mein Fahrrad versteckt. Ich kann es nicht finden und irre durch die Räume des dunklen Gebäudes. Grüner Teppich. Handläufe an den Wänden. Ich fürchte, ich komme zu spät.

Ich laufe. Die Treppenstufen werden höher. Höher. Ein unüberwindbares Hindernis. Ich laufe einen Gang hinunter. Er ist finster und kalt. Der Gang wird ein Tunnel. Die Wände rücken zusammen. Ich merke, wie Schnee von außen gegen sie drückt. Es riecht nach Erde, als wäre ich lebendig begraben.

Ich renne. In der Ferne sehe ich ein Licht. Dort ist der Ausgang. Doch die Decke gibt nach. Große Erd- und Schneeklumpen fallen in den Gang. Ich versuche, ihnen auszuweichen. Aber es ist zu spät. Ich weiß, so klar, wie man etwas nur in Träumen wissen kann, dass ich verschüttet werde. Es gibt keine Rettung. Ich werde es nicht schaffen. Die Schneemassen erdrücken mich. Ich sterbe.

Als Herr Lehmann mich schließlich in sein Zimmer bat, war ich bleich wie Gips. Ich ließ mich in »meinen« grünen Sessel sinken. Mein Blick irrte über das abstrakte Gemälde an der Wand. Die Farben wirkten schmutzig. Das Rot schien zu zerfließen. Der vertraute Geruch nach Lufterfrischer behinderte meine Atmung.

»Ich fühle mich fürchterlich«, sagte ich, »ich weiß nicht,

was mit mir los ist, seit dem Wochenende habe ich das Gefühl, ich verliere mich. Ich weiß nicht mehr, was ich tun soll. Ich war schon bei meinen Eltern, aber das hat überhaupt nicht geholfen.«

Ich blickte ihn erwartungsvoll an und suchte in seinem Gesicht nach Anzeichen des Verstehens. Er musste sich doch mit so etwas auskennen. Er sollte, musste, verdammt noch mal, in der Lage sein, mir zu erklären, was mit mir geschah.

»Sie wirken auf mich, als hätten Sie Angst. Wovor fürchten Sie sich?« Er musterte mich aufmerksam.

Aber das war nicht nur Angst. Das war Panik. »Ich habe das Gefühl, dass ich sterben könnte. Psychisch. Aber ich weiß nicht, warum. Ich kenne das gar nicht von mir.« Ich war kurz davor, in Tränen auszubrechen.

»Frau Leonhardt, erzählen Sie mir doch mal genau, was Sie erlebt haben. Sie machen auf mich einen völlig verstörten Eindruck.«

Gut. Wenn man über so etwas Erschreckendes ganz normal sprechen kann, ist es ja vielleicht gar nicht so erschreckend, sondern … ganz normal. Aber leider hatte ich nichts Besonderes erlebt. Seit wir uns das letzte Mal gesehen hatten, hatte ich gearbeitet und mich mit Svenja getroffen. Das Treffen mit ihr war schön gewesen. Ich hatte mich wohl gefühlt. Ich mochte Svenja. Wir hatten gelacht. Und dann war es passiert. Ein Floß, das auf ruhigem Wasser kentert, ohne dass sich jemand bewegt hat. Gibt es das?

Herr Lehmann empfahl mir, meinen Hausarzt aufzusuchen. Vielleicht spielten die Hormone verrückt? Außerdem legte er mir nahe, mich an einen Psychiater wegen einer medikamentösen Behandlung zu wenden.

Medikamente. Das wollte ich nicht. Ich wollte doch nicht irgendwelche Pillen nehmen, die bestimmen würden, wie ich mich fühle. Das wäre doch Murks. Nicht echt. Nicht ich. Wie sollte ich mir dann überhaupt noch trauen? Wissen, wer ich war und wer nicht? Es musste doch Sicherheit *in* mir geben. Sicherheit von außen kann doch nur gefährlich sein. Unbeständig. Unzuverlässig.

Herr Lehmann versuchte, mich zu beruhigen: »Die Tabletten werden keine Gefühle erzeugen, die nicht echt sind. Sie werden Ihnen nur ermöglichen, dass Sie Ihre eigenen Gefühle wieder spüren können, und Ihnen helfen, etwas Abstand von Ihren Ängsten zu gewinnen.«

Ich war nicht mehr in der Position zu verhandeln. Ich konnte nichts Besseres bieten und hoffte einfach, irgendetwas zu finden, das mir ein bisschen Sicherheit geben und die Intensität der Vernichtungsängste mildern könnte. Aus eigener Kraft war mir das wohl nicht mehr möglich. Wenn auch Herr Lehmann nicht mehr daran glaubte …

Gleich am Nachmittag suchte ich mir aus dem Telefonbuch einen Hausarzt und einen Psychiater. Der Internist nahm mir Blut ab und fragte mich, auf wen ich wütend sei. Küchenpsychologie. Aber was wusste ich schon? Vielleicht war ich ja wütend? Erschien mir besser als panisch. Wir machten einen Termin für die nächste Woche aus.

Zu dieser Zeit wurde ich fast durchgängig von starken Vernichtungsängsten und Auflösungsgefühlen geplagt, die wie in Wellen über mich schwappten. Mir war, als würde das, was mich als Person ausmachte, völlig verschwinden und meinen Körper als leere Hülle zurücklassen. Mein Ich zerrann wie die Uhren auf Dalís Gemälde. Ich fühlte mich in meiner Wohnung nicht mehr sicher und verbrachte Stunden damit, durch die Stadt zu laufen, im Schlossgarten auf Parkbänken zu sitzen und vor mich hin zu starren. Manchmal traf ich Freunde. Mir stand der Sinn aber nicht nach Unterhaltung und so blieben diese Begegnungen kurz. Dann war ich wieder allein.

Als ich am Freitag zu Dr. Krull, dem Psychiater, ging, war ich innerlich so unruhig, dass ich im Wartezimmer nicht still sitzen konnte. Die Angst trieb mich zu ständiger Bewegung. Ich sah aus dem Fenster und wunderte mich über die strahlende Sonne. Erschien mir taktlos. Dr. Krull untersuchte mich kurz und bat mich, auf seiner Liege Platz zu nehmen.

»Okay, schauen Sie mich bitte mal an.« Er setzte sich mir gegenüber und ergriff meine Hände.

Ich sah ihm in die Augen, aber die Unruhe in mir machte es mir unmöglich, Blickkontakt zu halten. Meine Augen wanderten in seinem Zimmer umher.

»Sie machen mich ganz nervös«, warf ich ihm vor.

Er verschrieb mir ein Antidepressivum und zusätzlich ein Beruhigungsmittel.

Ich beschloss, über das Wochenende wieder zu meinen Eltern zu fahren. Auf der Zugreise dorthin nahm ich eine Tablette von meinem Beruhigungsmittel und hatte das Gefühl, als könne ich zum ersten Mal seit einer Woche ruhig durchatmen. Ein himmlisches Gefühl. Die Wirklichkeit zerrann mir nicht mehr zwischen den Fingern und ich war wieder Teil meiner Umwelt. Die Herbstbäume am Rand der Gleise leuchteten. Erleichterung durchflutete mich, und ich verstand, dass man davon abhängig werden konnte. Ich war regelrecht überdreht, aber zumindest hielt sich die Angst in Grenzen.

Als ich am Montagnachmittag wieder in meiner Wohnung ankam, brach ich zusammen. Ich fühlte mich erschöpft und niedergeschlagen. Wenn ich bis vor Kurzem Angst davor gehabt hatte, mich zu verlieren, so war es jetzt passiert – innerhalb der letzten Stunden und ohne dass ich den genauen Zeitpunkt mitbekommen hatte. Jetzt war nur noch Leere in mir. Unendliche Gleichgültigkeit. Am Abend spürte ich, dass ich nie wieder würde aufstehen können, wenn ich mich jetzt hinlegen würde. So, als wäre die Welt weiß und farblos, und ich würde, nun ebenfalls leer und farblos, mit ihr verschwimmen, verschmelzen und nicht mehr auffindbar sein. Weiß vor weiß. Die Gestalt würde sich im Hintergrund auflösen. Ich war fest davon überzeugt, dass ich in der Depression versinken würde, ohne mich dagegen wehren zu können. Mein Leben wäre vorbei. Ich durfte mich nicht hinlegen. Einzig ständige Bewegung könnte meine Konturen einigermaßen erhalten, wenn auch nicht die Leere in mir füllen.

In dieser Nacht habe ich also überhaupt nicht geschlafen. Stattdessen nähte ich. Am nächsten Morgen hatte ich zwei neue Röcke und eine Umhängetasche. Praktisch. Doch das war nur Fassade, die ich verzweifelt versuchte aufrechtzuerhalten. Mein Körper, meine Hülle funktionierte noch, aber in mir drin war alles Lebendige verschwunden. Um sechs Uhr ging ich joggen und danach zu meinem Hausarzt.

Ich war fahrig und konnte mich nach der durchwachten Nacht kein bisschen konzentrieren. Dr. Aden empfahl mir, die Aufnahme in eine psychotherapeutische Station in Erwägung zu ziehen. Er konnte mir eine Klinik im benachbarten D. empfehlen. Er kannte die Oberärztin. Wie bisher, nur mit ambulanter Therapie, fortzufahren, erschien ihm nicht mehr ausreichend.

Psychiatrie. Normalerweise wäre ich schockiert gewesen über diese Vorstellung. Jetzt aber war ich erleichtert über die Möglichkeit, meinen schrecklichen Zustand nicht länger allein durchstehen zu müssen. Aber zuerst wollte ich mit Herrn Lehmann darüber sprechen. Als er mich am Nachmittag sah, war er sehr besorgt. Er hatte schon mit Dr. Aden telefoniert und riet mir sofort dringend zu der Klinikeinweisung.

Also rief ich am nächsten Morgen Dr. Aden an und bat ihn, einen Termin mit der Klinik zu vereinbaren. Als er mich zurückrief, konnte ich es kaum glauben. Der Termin für das Vorgespräch war in zwei Wochen und danach sollte es noch sechs bis acht Wochen bis zur eigentlichen Aufnahme dauern. Unmöglich! Wie sollte ich diese Panik noch wochenlang überstehen?

Nach dem Telefonat mit ihm brach ich weinend zusammen. Ich konnte diesen Schrecken keine zwei Wochen mehr ertragen. Und auf keinen Fall zwei Monate. Vom Verstand her war mir klar, dass man an Gefühlen nicht sterben kann. Trotzdem wusste ich nicht, wie ich diese Zeit überleben sollte. Ich zitterte am ganzen Körper. Schließlich konnte ich mich überwinden, Herrn Lehmann anzurufen. Er erkannte mich am Telefon kaum und riet mir, sofort zu meinem Psychiater zu gehen.

Dr. Krull fragte mich, was denn passiert sei und ob ich mich schon häufiger in diesem Zustand befunden hätte. Nein, noch nie. Ich weinte die ganze Zeit. Ich wusste nicht, was mit mir vorging, und fürchtete mich vor mir selber. Die Heftigkeit meiner Gefühle war auch für mich überraschend und schockierend.

Schließlich wollte er wissen, ob ich Selbstmordgedanken hätte. Ja, dachte ich, ständig. Ich hatte Tabletten gekauft. Ich spürte die schreckliche Gewissheit, dass es kein Entrinnen für mich gab – weder jetzt noch in irgendeiner Zukunft. Hoffnungslosigkeit. Ständiger Schmerz. Doch so mochte ich es nicht sagen. So wollte ich mich nicht. Zögernd erklärte ich, manchmal daran zu denken.

Dr. Krull empfahl mir die sofortige Einweisung in eine im Nachbarort gelegene psychiatrische Klinik. In meiner Heimatstadt wollte ich nicht in die Psychiatrie. Jetzt auch noch ehemalige Kommilitonen treffen, die dort nach dem Studium ein Praktikum machten. Unmöglich.

Ich rief eine Freundin an und bat sie, mich nach D. in die Psychiatrie zu bringen. Die Fahrt dorthin erschien mir merkwürdig unwirklich. Ich telefonierte mit meiner Mutter. Las die Einweisungsdiagnose: »Angststörung mit Panikattacken«. Und hatte das Gefühl, nicht mehr Teil der Geschichte zu sein. Als würde das alles nicht mir, sondern einer fremden Person passieren. Wie im Schock. Wir folgten der Landstraße über Hügel und durch Wälder. Die Sonne schien erstaunlicherweise immer noch. Und ich war auf dem Weg in die Psychiatrie.

Die Aufnahmestation wirkte zunächst vor allem befremdlich auf mich. Die Tür wurde hinter uns verschlossen. Klinische Stille. Wir wurden gebeten, noch etwas zu warten, und bekamen Mineralwasser in bunten Gläsern. Die Schwester verschwand hinter einem hohen Tresen im Stationszimmer. An den Wänden hingen Landschaftsfotografien. Sie wirkten deplatziert. Nicht hierher gehörig. Genauso wenig wie ich. Vielleicht sollte ich einfach wieder gehen? Und dann?

Der Stationsarzt, Dr. Jung, war groß, attraktiv und ruhig. Ich erzählte, wie ich mich in den vergangenen Tagen gefühlt hatte. Jetzt fühlte ich mich … ich wusste es nicht mehr. Der Arzt prüfte meine Reflexe und stellte mich Schwester Jana vor, die mich in mein Zimmer brachte. Auf dem Flur verabschiedete ich mich noch kurz von meiner Freundin, dann war ich allein in einer völlig fremden Welt.

Das Zimmer war kahl und kalt. Die Rollläden halb heruntergezogen. Mein Bett stand in einer Nische hinter der Dusche, die Fenster waren abgeschlossen. In einem der beiden anderen Betten lag eine Frau, von der nur ihr gekrümmter Rücken und eine Menge schwarzer Locken zu sehen waren. Sie rührte sich nicht. Jana sah meine Sachen durch. Sammelte die Nagelschere ein. Dann ging sie.

Den Nachmittag verbrachte ich in meinem Bett. Ich versuchte herauszufinden, wie ich mich fühlte. Im Prinzip fühlte ich gar nichts. Fetzen von Scham, Angst, Traurigkeit, Enttäuschung, Verlorenheit, Aufregung flatterten durch den Raum. Doch die konnte man kaum Gefühle nennen. Viel zu flüchtig, viel zu uneindeutig, viel zu viele.

Ich blieb im Bett sitzen, bis es dunkel war. Hunger hatte ich keinen, und essen wollte ich sowieso nicht. Dazu war mir alles zu fremd. Ich war mir fremd. Jana brachte meine Medikamente. Ich zog mich aus und legte mich schlafen.

Die nächsten Tage vergingen schnell. Nach der anfänglichen Gefühllosigkeit fand ich innerhalb kurzer Zeit wieder zu mir zurück. Oder besser, zu einigem von dem, was ich von mir gekannt hatte. Die Angst hielt sich in Grenzen. Ich war wieder da. Und ich funktionierte wieder. Das fremde Gefühl verschwand einfach. Ich suchte nicht nach ihm.

Meine ganze Familie kam zu Besuch. Meine Geschwister überspielten ihre Verwirrung durch lautes Gelächter und mein Vater wartete im Auto. So wie mir selbst fiel es auch ihnen schwer zu verstehen, was dieser Ort denn nun eigentlich mit mir, ihrer Schwester, ihrer Tochter zu tun hatte. Gemeinsam taten wir zwei Stunden lang so, als wäre alles ganz normal, und ignorierten die Angst und Unsicherheit. Mir ging es ja auch schon besser. Vielleicht war alles ein Versehen. Hatte ich überreagiert? Mir die Angst der vergangenen Tage nur eingebildet? Es wirkte alles wie ein böser Traum. Aber mir saß der Schrecken noch in den Gliedern, und natürlich wusste ich, dass es kein Traum gewesen war. Da wir alle versuchten, so zu tun, als wäre nichts, konnte ich mit niemandem über diese Fragen sprechen. Was sollten sie mir auch antworten? Schließlich war ich die »Expertin«. Die Psychologin. Nur half mir das überhaupt nicht weiter. Ich glaube, wir fühlten uns alle sehr allein mit unserer Unsicherheit.

Als sie gegangen waren, telefonierte ich mit Freunden. Durfte für eine halbe Stunde raus. Ging spazieren. Ich hatte ein Gespräch mit der Oberärztin der Psychotherapiestation und mir wurde für den folgenden Donnerstag ein Platz angeboten. Als Psychologin genoss ich Vorrangstatus – als mögliche spätere Multiplikatorin.

Nach meiner Entlassung schrieb Dr. Jung in seinem Bericht an Dr. Krull und Herrn Lehmann über mich:

Die im äußeren Erscheinungsbild gepflegte Patientin ist im Kontakt freundlich zugewandt, wach, orientiert und mit guter Konzentration und Aufmerksamkeit. Die Sprache ist unauffällig, die Mimik adäquat. In der Interaktion wirkt sie zunächst etwas scheu, die Kontrolle erscheint haltarm und leicht verkrampft. Kein Anhalt für formale Denkstörungen, keine inhaltlichen Denkstörungen, jedoch überwiegend ängstlich und auch zwanghaft wirkende Denkinhalte. Die Intelligenz ist, soweit beurteilbar, im oberen Normbereich. Die mnestische Funktion ist gut und ohne Lücken.

Deutlich depressiver Affekt und eingeengte, aber erhaltene affektive Resonanz. Zeitweise ist die Patientin nah am Wasser gebaut und ist bei guter Krankheitseinsicht hilfesuchend und hoch therapiemotiviert. Kein gestörtes Ich-Erleben, keine akute Suizidalität. (…)

Die im formalen Gedankengang geordnete und differenzierte Patientin kam zur ersten stationär-psychiatrischen Behandlung in suizidaler Krise auf die geschützte Aufnahmestation. Hier war die Patientin bereits am Aufnahmetag entlastet und von suizidalen Impulsen distanziert.

Frau L. erlebt die Perspektivlosigkeit nach Studienabschluss als Lebenskrise. Deshalb wurde ihr am Folgetag der Aufnahme im Erstgespräch auf der Psychotherapiestation unseres Hauses eine möglichst zeitnahe stationäre Weiterbehandlung angeboten. Frau L. erlebte die Perspektive einer stationären Psycho-

therapie als entlastend und zeigte sich im hochstrukturierten Setting der geschützten Aufnahmestation zunehmend schwingungsfähig. Sie nahm zunehmend an den Mahlzeiten teil, konnte sich zögerlich mehr in den Stationsalltag integrieren und führte lange Gespräche mit Besuch und Familie.

Abschlussdiagnose: Angst und Depressive Störung, gemischt.

War ich in diesem Zustand, weil das Studienende mir Angst machte? Möglich. Aber was daran? Perspektivlosigkeit? Eigentlich nicht. Ich wusste noch nicht genau, ob ich promovieren oder eine Weiterbildung zur Psychotherapeutin machen wollte. Oder vielleicht auch beides gleichzeitig. Perspektivlos fand ich das nicht. Aber was ich in den letzten Wochen erlebt hatte, ließ mich an mir zweifeln. Vielleicht hatte der Arzt etwas wahrgenommen, was ich selbst nicht erkannt hatte?

Wenn ich in dieser Zeit über wichtige Ereignisse in meinem Leben nachdachte, fiel mir nur Herr Lehmann ein. Mit ihm hatte ich am Tag vor meinem Zusammenbruch über meine Gefühle gesprochen, die ich für ihn empfand. Ich hatte das erste Mal von meiner Sehnsucht nach Zuneigung erzählt. Von den Hundebabygefühlen. Dem inneren Betteln, dass er sich um mich kümmern möge. Wie er mir damit immer wichtiger und meine Abhängigkeit von ihm immer größer wurde. Und ich hatte von der Angst erzählt, dass ihm das zu viel sein könnte. Es war nicht einfach für mich, dies alles einzugestehen. Oder zumindest einen Teil davon.

Er hatte nicht verstanden, warum mir das so wichtig war. Weder das Hundebabygefühl selbst noch wie demütigend dieses Gefühl für mich war. Und nur erklärt, er fahre in zwei Wochen in Urlaub. Nun ja, da er ein verständiger Mann ist, hat er wahrscheinlich noch einiges andere gesagt, aber in mir blieb nur diese Verknüpfung zurück. Ich sage: Bitte hab mich lieb. Und er sagt: Auf Wiedersehen nach meinem Urlaub.

Aber hallo, das ist doch nicht schlimm! Ich bin doch ein vernünftiger, erwachsener Mensch. Natürlich fahren Therapeuten in Urlaub. Sie kommen ja auch zu spät in die Stunde oder vergessen sie ganz. So abhängig bin ich nun auch wieder nicht. Verdammt noch mal. Als Erklärung für Auflösungsgefühle erschien mir dies bei Weitem nicht angemessen. Dann doch lieber Lebenskrise wegen Studienende. »Angst und Depression, gemischt« hörte sich auch schon viel besser an als »Panikstörung und Auflösungsgefühle«. »Angst und Depression, gemischt«, das hieß: ein bisschen Angst, ein bisschen Depression, aber jedes für sich kaum der Rede wert. Und mir ging es ja auch schon besser.

Am dritten Tag ließ ich mich von der diensthabenden Ärztin entlassen.

Zu Hause wollte ich wie gewohnt joggen gehen. Vielleicht konnte ich mein Leben wieder in den Griff bekommen, wenn ich mich so normal wie möglich verhielt. Ich war allerdings erst zehn Minuten unterwegs, als ich in den strahlenden Himmel blickte und feststellte, dass ich keine Zukunft mehr hatte. Es war ein merkwürdiges Gefühl von absoluter Ziel-, Zeit- und Hoffnungslosigkeit. Das Gefühl für eine Richtung in meinem Leben war verschwunden. Es gab nichts, was ich planen oder worauf ich mich freuen konnte, denn die Zukunft hatte für mich keine Relevanz mehr. Nur noch die unheilvolle Gegenwart. Diese Perspektivlosigkeit stellte sich von einem Moment zum anderen ein wie eine plötzlich offenbarte Erkenntnis. So schnell ich konnte, kehrte ich nach Hause zurück und vermied es fortan, in den Himmel zu blicken, aus dem nicht mehr die Vielfalt der Möglichkeiten zu mir herabstrahlte, sondern nur noch die existenzielle Vernichtung.

Die wenigen Tage bis zu meiner nächsten stationären Aufnahme vergingen schnell. Ich tat so, als sei es ganz gewöhnlich, dass man sich in die Psychiatrie einweisen lässt. Bereitete mich vor wie auf einen längeren Urlaub. Beendete noch ein Projekt für meinen Professor. Sprach mit Freunden. Sie reagierten verständnisvoll, wenn auch völlig überrascht, und versprachen ihre Unterstützung. Nach all den Gefühlsstürmen der letzten Tage schien mir Sachlichkeit absolut angebracht. Gefühle waren gefährlich. Das hatte ich gelernt.

Als Psychologin in der Psychiatrie

Spätherbst 2000

Meine Mutter kam und fuhr mich nach D. Wir erreichten das Klinikgelände und ich sah mich um. Rechts und links erstreckten sich große Gebäude. Wir mussten wegen Bauarbeiten einen Umweg über eine Schotterstraße nehmen. Ganz hinten am Rande des Geländes lag das Gebäude mit den drei Psychotherapiestationen. Direkt dahinter ging es in den Wald. Ich wäre am liebsten auf der Stelle umgekehrt.

Wir ließen meinen Koffer im Auto und suchten das Stationszimmer. Mein Herz schlug schnell. Alles war so fremd, so unheimlich. Die Stille. Die Blicke, mit denen meine Mutter mich ängstlich musterte. Meine eigene Unsicherheit. Ich wartete auf ein Zeichen, das mir erklären würde, was ich hier sollte. Wie konnte *das* hier mir helfen?

Die Station machte einen nüchternen, kühlen Eindruck. Blumenarrangements wirkten wie vergessen. An den Wänden hingen Bilder von Bäumen. Distanzierte Freundlichkeit. Professionelle Hilfsbereitschaft. Eine Schwester erschien, begrüßte mich und zeigte mir mein Zimmer. Ohne Dusche, aber wenigstens für mich alleine.

Ich wusste nicht, was jetzt von mir erwartet wurde. Wissen andere Menschen, was sie tun sollen, wenn sie in der Psychiatrie ankommen? Packt man Koffer aus und richtet sich ein wie im Urlaub? Und dann? Man trägt ja wohl keinen Schlafanzug, oder doch? Ich fühlte mich fürchterlich und vermisste schon jetzt mein normales Leben. Doch war das überhaupt normal gewesen? Die letzten Wochen stellten alles in Frage.

Würde man hier sofort feststellen, dass eigentlich gar nichts normal daran war? Woran merkt man, ob man normal ist? Ich kam mir unglaublich ungelenk und unbeholfen vor.

Nervös wartete ich vor dem Zimmer meiner neuen Therapeutin. Frau Grave war ärztliche Psychotherapeutin, zierlich, etwas größer als ich, Anfang vierzig. Sie erhob sich von ihrem Stuhl an einem kleinen Tisch, der mit Papieren übersät war, lächelte ernst und reichte mir die Hand. Ernstes Lächeln. So wurde die Situation also eingeschätzt. Dankbar nahm ich den Hinweis auf.

Ich suchte Kontakt und fand ihn nur schwer. Frau Grave blieb ernst. Ich hatte Sorge, ob ich sie überhaupt erreichte, und strengte mich umso mehr an. Versuchte zunächst lustig zu sein, reflektiert, selbstbewusst. Dann hilfesuchend, ernst. War zu allem bereit. Hatte ich schließlich alles in meinem Repertoire. Aber ich spürte kaum Resonanz.

Sie mochte mich wohl nicht.

Trotzdem bemühte ich mich.

Frau Grave beschrieb später im Arztbrief ihren ersten Eindruck:

Frau L. kommt mit ärztlicher Einweisung zur stationären psychiatrisch-psychotherapeutischen Behandlung. Aufgrund einer akuten krisenhaften Angstüberflutung im Rahmen von Panikattacken mit nicht auszuschließender Suizidalität war Frau L. auf der Akutstation unseres Hauses behandelt worden. Sie berichtet im Aufnahmegespräch, vor drei Wochen erstmals massivste Angst- und Panikattacken mit Auflösungs- und Vernichtungsgefühlen gehabt zu haben. Sie selbst habe keine Erklärung dafür. (…) Die Angstattacken seien am Folgetag nach einem ambulanten Therapiegespräch aufgetreten, in dem ihr Therapeut ihr von seinem bevorstehenden Urlaub berichtet habe. (…)

Obwohl sie ihr Studium, zu dem auch ein Auslandsjahr in den USA gehörte, gut gemeistert habe und das auch wahrnehme, habe sie im Moment das Gefühl, nichts mehr hinzubekommen. Zuletzt habe sie sich von Angst überflutet gefühlt. (...)

Die Stimmung ist deutlich niedergedrückt, die affektive Schwingungsfähigkeit eingeschränkt. Es besteht eine Antriebsstörung. Im Kontakt wirkt Frau L. zunächst forsch und selbstsicher, im Laufe des Gesprächs jedoch zunehmend ängstlich-unsicher und verzweifelt. Von akut suizidalen Impulsen kann sie sich glaubhaft distanzieren.

Es war ein warmer Herbst. Im Oktober konnte man noch T-Shirts tragen. Nur um mich herum war eine kalte, dunkle Hülle, die mich von allem isolierte. Nachts, wenn ich das Gebäude nicht verlassen konnte, weil die Tür abgeschlossen wurde, lief ich manchmal im Keller bei den Waschmaschinen auf und ab, um die Unruhe loszuwerden. Allein in der Stille. Ich fühlte mich wieder, kannte mich aber nicht mehr. Ich kaufte mir Wolle und fing an zu stricken. Rechts, links, rechts. Eine Reihe nach der anderen. Stundenlang. Nur nicht denken – denn meine Gedanken waren chaotisch. Ich versuchte krampfhaft, mein Leben zu ordnen. Dem Ganzen einen Sinn zu geben. Warum war es so weit gekommen? Was sollte ich tun? In meinem Kopf drehte sich alles im Kreis, und jedes Mal, wenn ich glaubte, endlich einen Anhaltspunkt gefunden zu haben, löste sich das Gedankengebäude garantiert in ein Luftschloss auf. Ich kam einfach nicht weiter. Je mehr ich mich anstrengte, desto enger zog sich der Knoten zu. Die Pfleger rieten mir, mich fallen zu lassen. Bitte? Wohin denn? Blödsinniger Psycho-Schnack, dachte ich mir. Wussten die nicht, was passiert war in den letzten Wochen? Kannten die nicht die Gefahr, in der ich mich befand? Sagt mir doch einfach, was ich tun soll. Bitte.

Täglich fanden verschiedene Therapien statt. Zwei Mal die Woche hatte ich Gespräche mit Frau Grave. Zusätzlich nahm ich an der Gestalttherapie und einer Bewegungstherapie teil, Therapieformen, in denen man sich über Kreativität und Körperausdruck seinen inneren Problemen nähern kann. Außerdem war zwei Mal in der Woche Gruppentherapie mit allen Patienten der Station, die Frau Grave zusammen mit dem anderen Stationsarzt leitete.

In der Gestalttherapie sollte ich ein Bild malen, das mich in einer Landschaft zeigt. Da fielen mir sofort die vom Wind zerzausten Birken ein, die ich am Morgen vom Fenster aus gesehen hatte. So fühlte ich mich – zerzaust und geschüttelt in einem heftigen Sturm, der einen sicheren Stand unmöglich macht. Panik dringt Schicht um Schicht immer tiefer in mich ein, löst die Substanzen, aus denen ich gebildet bin, auf und wirbelt sie in einem Orkan davon. Ich malte mit Pastellkreiden und verwischte die Farben ineinander – passend zu dem Gefühl, dass in meinem Leben die klaren Farben verschwanden und ein dunkles Gemisch zurückblieb, das keinerlei Halt mehr bot. Als wir anschließend die Bilder besprachen, konnte ich nicht mehr atmen. Ich hatte Schwierigkeiten, Luft in meinen Brustkorb zu pressen. War ich wirklich so schutzlos? War ich dabei, mich selbst aufzulösen? Ich entschuldigte mich mit einer Ausrede und ging keuchend in den Flur. Stützte mich an die Wand und versuchte, ruhiger zu atmen. Fast hätte ich angefangen zu weinen.

Äußerlich kam ich gut klar. Meine Mitpatienten waren jung. Es herrschte eine Art Klassenfahrtatmosphäre. Lästern über die Therapeuten. Abends heimlich Alkohol in der Dorfkneipe trinken. Mit den Pflegern flirten. Revolution in der Gruppentherapie planen. Wir fuhren schwimmen und spielten Karten. Doch innerlich verlor ich immer mehr den Kontakt – zu mir, meiner Familie, meinen Freunden. Alles war ja offensichtlich falsch gewesen. Ich war falsch gewesen. Fundamental falsch. Sonst wäre es mir ja nicht so schlecht gegangen. Ich konnte mich nicht mehr auf mich verlassen. Ich hatte ja schließlich geglaubt, es sei alles gar nicht so schrecklich schlimm. Also musste ich Menschen suchen, die mir sagen konnten, was richtig und falsch war. Also suchte ich.

Ich sprach mit jedem: Pflegepersonal, Mitpatienten, Therapeuten. Klammerte mich an sie. Suchte Kontakt, Halt, Rat. Das war jetzt kein Hundebabygefühl mehr. Ich wollte keine Zuneigung, ich wollte jemanden, der mir erklärte, was ich falsch machte. Ich durfte mich nicht auf meine Gefühle verlassen. Was sich gut angefühlt hatte, schien nicht gut gewesen zu sein. Sie mussten mir sagen, wie ich sein sollte. Damit ich endlich richtig war. Sicher.

Frau Hagens, meine Bezugspflegerin, meinte, sie spüre meine Angst nicht.

Ich war ratlos.

»Wenn Sie möchten, dass die anderen Sie wirklich kennenlernen, müssen Sie ihnen auch die kleine Merle zeigen – die verunsicherte Merle.«

»Glauben Sie, ich zeige meine Gefühle nicht richtig?«

Meine Freunde waren ja tatsächlich sehr überrascht gewesen, als ich ihnen von der bevorstehenden Einweisung in die Psychiatrie erzählt hatte. Hatten sie gar nicht mitbekommen, dass …? Ja, was eigentlich? Es musste doch Anzeichen gegeben haben.

Ich versuchte, die richtige von der falschen Merle zu trennen. Die richtige sollte anscheinend Gefühle der Verunsicherung zeigen.

»Sie versuchen, im Mittelpunkt zu stehen, und zeigen nach außen hin nur eine Maske. In Ihrer Rolle als Psychologin fällt es Ihnen leicht, sich zu präsentieren. Aber hier geht es um die Merle hinter der Maske. Da müssen Sie von Ihrem Podest heruntersteigen.«

Die falsche Merle möchte im Mittelpunkt stehen. Ich notierte es innerlich. Schon fühlte ich mich etwas besser aufgehoben und sicherer. Allerdings auch leerer. So narzisstisch hatte ich mich eigentlich gar nicht eingeschätzt. Aber das wollte ich jetzt nicht in Frage stellen, sondern mich, verdammt noch mal, fallen lassen.

In der Bewegungstherapie machten wir bioenergetische Übungen. Wir »erdeten« uns, und nach einer Weile spürte ich, wie meine Beine anfingen zu zittern und mich eine Woge der Traurigkeit erfasste, ohne dass ich hätte sagen können, woher sie kam. Ich rollte mich in meiner Decke zusammen und weinte.

Die Therapeutin kniete sich neben mich.

»Wann haben Sie das letzte Mal geweint?«

Ich schüttelte wortlos den Kopf. Wie lange das her war, wusste ich nicht mehr. Bis zu meinem Zusammenbruch hatte ich jahrelang nicht mehr geweint. Alleine hätte ich mich das nie getraut – vielleicht aus Angst, ungetröstet nicht mehr aufhören zu können.

»Wann haben Sie angefangen, Ihre Tränen zu verstecken? Können Sie mir sagen, wie alt Sie sich fühlen?«

Solche Fragen konnte ich überhaupt nicht ausstehen. Trotzdem ging ich darauf ein und hoffte, dass ich nicht log.

»Vier. Ich fühle mich, als wäre ich ein kleines Mädchen.«

»Darf ich Sie anfassen?«

Sie streichelte über meinen Rücken. Dieser Trost war beschämend schön und traurig zugleich. Rief die Hundebabygefühle, die Sehnsucht nach Zuneigung wieder wach. Als die Therapeutin die Stunde beendete, wütete ich innerlich. Warum ließ sie mich jetzt allein?

Ich stürmte aus dem Raum und verzog mich in mein Zimmer. Ich wollte niemanden sehen. Was sollte das? Ich konnte mich nicht verstehen. Ich wollte diese Traurigkeit nicht und zugleich spürte ich einen starken Sog von ihr ausgehen. In einem Meer von Tränen ertrinken. Wie pathetisch! Aber welch schöner Tod! Von der eigenen Traurigkeit umhüllt und geborgen. Ich zitterte und fand nur mit Mühe wieder zurück in die Wirklichkeit.

Frau Grave fuhr in Urlaub und mir ging es zusehends schlechter. Ich gewöhnte mir an, flacher zu atmen, um die Panik kontrollieren zu können. Die Nächte verbrachte ich wach im Aufenthaltsraum. An den meisten Tagen lag ich stundenlang auf meinem Bett, ohne an etwas Bestimmtes zu denken. Ich verlor mich im Trübsinn und konnte doch nicht sagen, warum. Verzweiflung und eine ungekannte Trauer überfluteten mich, sobald ich allein war.

Schließlich bat ich einen Pfleger um ein Gespräch. Herrn Sanders mochte ich. Er war witzig, konnte leicht in Kontakt treten. Ein bisschen theatralisch, aber großherzig. Ich erzählte ihm von der Angst und der Traurigkeit, meinen Anstrengungen und der Verzweiflung.

Er verschränkte die Arme hinter dem Kopf und meinte: »Beschreiben Sie mal Ihre Angst. Es ist für mich überhaupt nicht spürbar, dass Sie Angst haben. Wie weit haben Sie denn Ihre Angst schon ausgehalten?«

Ich wusste nicht, was er meinte, und beschrieb ihm die Vernichtungsgefühle und Todesangst. Die Angst, mich und meine Identität zu verlieren. Ich merkte, wie ich immer angespannter wurde. Die Emotionen schwappten über mich, wurden größer, und eine Panikwelle erfasste mich. Es war das erste Mal, dass mir das in Anwesenheit einer anderen Person passiert war. Ich begann schneller zu atmen, weil ich das Gefühl hatte, keine Luft mehr zu bekommen. Es war, als würde mein Brustkorb zusammengepresst. Beine, Hände und Lippen fingen an zu kribbeln, alles fühlte sich merkwürdig taub an. Ich beugte mich auf meinem Stuhl nach vorne, um besser atmen zu können. Mühsam rang ich nach Luft.

»Frau Leonhardt, sehen Sie mich an!« Herr Sanders hatte seinen Stuhl zu mir herangezogen.

Ich konnte das nicht. Wollte zumindest die Angst in meinen Augen verbergen. Wusste nicht, ob er es ernst meinte. Ob er wirklich wollte, dass ich ihn mit dieser ganzen Angst im Blick ansah.

»Atmen Sie ganz ruhig!«

Er streckte mir die Hand entgegen, die ich vorsichtig ergriff. Langsam beruhigte ich mich und konnte wieder freier atmen. Ich begann zu weinen. Verzweifelt, weil ich mich so schrecklich hilflos fühlte. Ich schämte mich und bat Herrn Sanders zu gehen. Er zog sich hinter den Schreibtisch zurück.

Schließlich sagte er: »Endlich sind Sie angekommen. Zwei Wochen. Das ist Durchschnitt.«

Ich war verwirrt. Sollte das jetzt positiv gewesen sein? Wie konnte er mich nicht spüren? All die Anstrengung. Das Bemühen, es richtig zu machen. Begriff er nicht, dass ich das war? Warum konnte er mich besser spüren, wenn ich Angst zeigte? War das mein richtiges Ich? Unendliche Angst und Einsamkeit?

Eine Schwester fragte mich, warum meine Freunde nichts gemerkt hätten. Was seien das überhaupt für Freunde gewesen? Ob ich für die überhaupt wichtig sei?

Ich wusste keine Antwort. Fragte mich, ob ich meine Freunde falsch eingeschätzt hatte. Gab es tatsächlich niemanden, bei dem ich mich gut aufgehoben fühlen konnte? Es stimmte schon, Svenja hatte mich hier noch nie besucht.

Hatten die Pflegekräfte also recht? War sie gar keine gute Freundin? Ich begann, ihr gegenüber misstrauisch zu werden. Zurückhaltender. Lauschte auf den falschen Klang. Wo war die Freundschaft echt? Hatte sich alles nur um ihre Bedürfnisse gedreht? Ich fand nicht. Aber offensichtlich hatte ich mich ja getäuscht. Sonst hätte sie doch etwas merken müssen.

Ich war seit meiner Geburt Mitglied der »Mormonen«, einer christlichen Kirche, die ihren Ursprung in den USA hat. Frau Grave missbilligte das. Ich wusste es, ohne dass sie es mir sagen musste. Der erste Therapeut, den ich seinerzeit aufgesucht und der mich so wütend gemacht hatte, sah darin sogar den Grund meiner Probleme. Herr Lehmann hatte nichts dazu gesagt.

Natürlich sei kein Mensch imstande, alle Gebote zu halten, wurde da gepredigt, aber der Wille zu glauben mache möglich, was für den Menschen allein unmöglich sei. Denn der Himmlische Vater liebe die Menschen – auch die Sünder. Solange sie glaubten. Und Buße taten. Ich wollte glauben. Ich strengte mich an, und dennoch: Ich hatte nie einen Berg versetzen können. Nicht mal einen ganz kleinen. Nicht mal einen symbolischen. Ich musste mich wohl mehr anstrengen. Mehr wollen. Mehr glauben. Doch wo war die Grenze? Wie hätte ich mich noch mehr anstrengen können? Warum reichte das nicht? Warum spürte ich Gottes Liebe nicht?

Gerade jetzt, wo es mir so schlecht ging, hatte ich darauf gehofft. Aber er tröstete mich nicht. Er hielt sich fern von mir. Ich fühlte mich verraten und von meinem Himmlischen Vater allein gelassen. Ich ging nicht mehr zur Kirche, ohne groß darüber nachzudenken. Wollte nicht darüber nachdenken. Ich entschied mich einfach, nicht mehr zu glauben. Das fiel mir jetzt ziemlich leicht, da ich sowieso schon alles in Frage stellte. Also auch meine Religion.

Eine Freundin, die ich aus der Kirche kannte, hatte sich vor lauter Schuldgefühlen das Leben genommen. Ich hatte keine Schuldgefühle. Ich war bereit gewesen, mich schuldig zu fühlen, solange Gott mich nicht verriet. Doch das hatte ich hinter mir. Ich war wütend. Wenn er mich nicht liebte, dann liebte ich ihn auch nicht.

Frau Grave kam aus ihrem Urlaub zurück. Wir sprachen über mein Leben, meine Familie, meine Bedürfnisse. Nicht über die Kirche. Nicht über Gott. Dazu waren mir meine Gefühle zu intim und auch zu ungeklärt. Ich erzählte von Herrn Lehmann und fühlte mich unverstanden und verloren, als Frau Grave lediglich ihre Summgeräusche machte.

Natürlich sprach ich auch über meine Kindheit, das ist in Therapien schließlich üblich. Bei Herrn Lehmann war dies ja nicht anders gewesen. Hauptsächlich aber sprach ich über mein Gefühl, falsch zu sein. Frau Grave meinte, das liege daran, dass ich meine Bedürfnisse nicht äußerte. Wenn ich meine Bedürfnisse deutlicher äußern würde, würde ich häufiger die Erfahrung machen, eigentlich ganz willkommen mit ihnen zu sein. Gar nicht falsch. Ich sollte mich einfach mehr zeigen, wie ich wirklich war.

»Aber warum fühle ich mich denn so falsch?«

»Vielleicht haben Sie Angst, dass Ihre Bedürfnisse zu groß sind. Wie ein Fass ohne Boden. Und deswegen verstecken Sie sie lieber. Sie können das ja ausprobieren, ob Ihre Bedürfnisse wirklich so unstillbar sind. Vielleicht merken Sie dann, dass Sie ganz in Ordnung sind.«

Und dann landeten wir recht schnell bei meiner Mutter. Ob ich mich von ihr genug wahrgenommen gefühlt hätte? Ob ich als ältestes von fünf Kindern genügend Aufmerksamkeit bekommen hätte? Wie war meine Mutter mit meinen Bedürfnissen umgegangen?

Diese Fragen verstörten mich. Es war, als gäbe es zu jeder von ihnen zwei völlig widersprüchliche Antworten. Auf der einen Seite war da das Gefühl, meiner Mutter sehr nahe zu sein. Auf der anderen Seite das Gefühl, zu wenig bekommen zu haben. Ich suchte nach der Wahrheit. Für Frau Grave schien es festzustehen: Mein Gefühl, falsch zu sein, hatte seinen Ursprung darin, dass ich meine Bedürfnisse falsch fand. Und das wiederum lag daran, dass meine Mutter mir dieses Gefühl irgendwie vermittelt hatte. So einfach war das für mich nicht. Ich konnte den Gedanken zwar logisch nachvollziehen, aber er stimmte trotzdem nicht. Meine Mutter war liebevoll. Sie kümmerte sich um mich. Sie rief an. Sogar jetzt, wo ich ziemlich schwierig war und ständig kurz angebunden und launisch. Ich hatte Herrn Lehmann, um das zu beweisen, Fotos gezeigt. Meine Mutter mit meinen kleinen Neffen. Herzlich. Humorvoll. Liebevoll. Herr Lehmann hatte mich gefragt, ob ich einen Altar zu Hause hätte für meine Mutter. Das hatte ich ihm übel genommen, auch wenn ich ihn sonst gut leiden konnte.

Ich bin ein Zwilling. Mein Bruder war nach unserer Geburt sehr krank. Wäre fast gestorben. Ein halbes Jahr lang bestand immer wieder akute Gefahr. Diese Zeit war für meine Mutter sicher schwierig gewesen. Aber wohl nicht *zu* schwierig. Sonst hätte sie sich doch kaum ein Dreivierteljahr nach unserer Geburt ein weiteres Kind gewünscht. Und wir waren Wunschkinder. Alle fünf.

Fünf Kinder waren vielleicht einfach zu viel. Mein Vater war kaum anwesend. Meine Mutter deswegen oft unglücklich. Als Kind versuchte ich oft, sie aufzuheitern. Als ich sie jetzt darauf ansprach, meinte sie, ihre Traurigkeit habe nichts mit uns zu tun gehabt und sie habe auch nicht gewollt, dass ich sie aufheiterte. Ich hätte mich nicht um sie kümmern müssen. Na dann. Das hatte ich ja irgendwann selbst gemerkt. Sie meinte auch, sie könne sich kaum an meine frühen Jahre erinnern. Da war immer mein Bruder im Vordergrund. Dem ging es ja so schlecht. Ich sei ein fröhliches, freundliches Kind gewesen. Eines, um das man sich wenig Sorgen zu machen brauchte. Ich kam zurecht. Konnte mich durchsetzen. War klug. Humorvoll. Sozial. Immer schon.

Wenn ich so über meine Mutter nachdachte, konnte das nicht stimmen, was Frau Grave dachte. Und doch gab es einen kleinen Teil in mir, der ihr glaubte. Der sich an Situationen erinnerte, in denen ich tatsächlich das Gefühl gehabt hatte, zu wenig Aufmerksamkeit zu bekommen. Der sich manchmal unendlich traurig und einsam fühlte. Dieser Teil war oft wütend auf meine Mutter. Gleichzeitig hatte ich Schuldgefühle. Denn dieser kleine Teil musste sich irren. Oder schlimmer noch: lügen. Vielleicht um Mitleid zu bekommen, Aufmerksamkeit. Ich schämte mich für diesen Teil und machte mir Vorwürfe, Frau Grave etwas erzählt zu haben, das ihre Meinung bestätigte. Über meine Mutter schlecht gesprochen zu haben. Ich traute mir selbst nicht.

Also suchte ich nach anderen Antworten. Und fragte das Pflegepersonal, was denn nun falsch an mir sei.

»Sie trauen sich nicht, ihre Bedürfnisse auszudrücken, weil Sie Angst haben, dass Ihre Bedürfnisse maßlos sind.«

»Sie wissen gar nicht, wer Sie sind, und deswegen können Sie auch nicht für das sorgen, was Sie brauchen. Weil Sie sich selbst nicht kennen.«

»Sie zeigen nur eine Maske.«

»Wie lange wollen Sie noch um die Aufmerksamkeit Ihrer Mutter buhlen? Sie nimmt Sie eh nicht wahr.«

»Sie zeigen Ihre Gefühle nicht.«

»Ich spüre Sie nicht.«

»Sie wollen keine Verantwortung übernehmen und erwachsen werden.«

»Sie wollen immer nur im Mittelpunkt stehen.«
»Sie sind narzisstisch gestört.«

Je mehr ich fragte, desto aggressiver wurden die Antworten. Eigentlich wollte ich doch nur die Wahrheit herausfinden. Das Pflegepersonal fand es anscheinend unverständlich, dass ich nicht einfach dem Rat der Therapeutin vertraute, und hatte das Gefühl, ich stellte mich extra quer. Sie sagten mir wieder und wieder, ich solle mich »einfach fallen lassen«. Aber ich konnte und wollte nicht wahrhaben, dass Frau Grave recht hatte. Es war damals viel zu schmerzhaft. Meine Mutter war zu dieser Zeit der wichtigste Mensch für mich. Ohne an ihre Liebe zu glauben, ohne mich ihr so nah zu fühlen, wäre ich unglaublich verlassen gewesen. Es sollte noch sehr lange dauern, bis ich diese Gefühle akzeptieren und meine widersprüchlichen Erfahrungen mit meiner Mutter verstehen konnte. So hörte ich die Vorwürfe des Pflegepersonals, ohne eigentlich zu verstehen, was sie bedeuteten. Letztendlich waren sie für mich die Bestätigung, dass ich tatsächlich falsch war.

Ich zweifelte an meiner Wahrnehmung und verlor mich auf der Suche nach mir selbst. Die innere Anspannung wurde immer stärker. Ich schlief ganze Nächte nicht mehr aus Angst, die Kontrolle über mich zu verlieren. Schließlich brach ich Ende Oktober erschöpft zusammen.

Es war ein Wochenende. Ich hatte eigentlich vorgehabt, mich auszuruhen. Nichts weiter zu denken. Nichts zu wollen. Doch anstatt zu lesen oder einen Spaziergang in der Oktobersonne zu machen, fing ich wieder an zu grübeln. Welcher Teil in mir hatte recht: der Teil, der wusste, dass meine Mutter mich liebte, oder der Teil, der sich vernachlässigt fühlte? Je mehr ich mich mit meinem Gefühl der Verlassenheit beschäftigte, desto verzweifelter wurde ich. Ich malte, um meine Gefühle zu ordnen, lief einige Male zwischen meinem Zimmer und den Aufenthaltsräumen hin und her und versuchte mich zu überwinden, mit jemandem von der Pflege über meine bedrückenden Empfindungen zu sprechen. In diesem angespannten Zustand steigerte ich mich immer mehr in das Gefühl der völligen Verlassenheit und Ausweglosigkeit hinein, ohne es wirklich benennen und mit ihm umgehen zu können. Ich wurde immer erregter und auch wütend auf mich. Wütend, weil ich mir nicht zu helfen wusste. Wütend, weil ich so falsch war. Wütend auf den Teil in mir, der an meiner Mutter zweifelte. Der Frau Grave all die negativen Geschichten erzählte. Der auf meine Mutter so wütend war.

Ich weiß nicht, wie ich auf den Gedanken kam, aber es passierte: Ich zündete eine Kerze an und hielt meinen rechten Arm darüber. Zuerst nicht so nahe, dass ich mich verletzt hätte. Der Schmerz kribbelte nur ein wenig. Aber ich fühlte mich gefasster, irgendwie konzentrierter und nicht mehr so aufgelöst wie vorher.

Mit der Zeit hielt ich meinen Arm immer näher an die Flamme. Ich beobachtete, wie sich die Haut rötete. Der Schmerz wurde stärker und ich hielt die Kerze an eine andere Stelle des Arms. Immer wieder fuhr ich mit dem Arm durch die Flamme. Ich zählte die Sekunden, die ich es aushielt, mich zu verbrennen, ohne zurückzuzucken. Meine Wut fand ihre Befriedigung und ich spürte, wie die Anspannung wich.

Auch meinen linken Arm hielt ich über die Flamme. Die Stellen schmerzten und die Rötung breitete sich immer stärker aus. Ich blies die Flamme aus und legte mich schlafen. Meine Isolation war größer geworden, aber ich fühlte mich stärker. Ich konnte mich wieder aushalten.

Immer wieder weckte mich der Schmerz an meinen Armen aus dem Schlaf, aber ich weigerte mich, die Verbrennungen mit Wasser zu kühlen.

Den Nachmittag und Abend verbrachte ich allein in meinem Zimmer. Ich brauchte niemanden. Tief in mir spürte ich mich. Ich spürte mich, weil ich meine eigene kleine unwirkliche Welt geschaffen hatte. Abgeschnitten von der Welt da draußen.

Als ich am nächsten Morgen erwachte, befand ich mich immer noch in meinem kleinen, selbst geschaffenen Universum. Ich betrachtete die Verbrennungen, auf denen sich kleine Bläschen gebildet hatten, und zündete das Teelicht wieder an.

Diesmal war mir der Schmerz schon bekannt und ich versuchte, ihn ein wenig länger zu ertragen. Ich hielt den erhitzten Kerzenhalter an meine Haut. Es dauerte nicht lange und ich hatte eine große Verbrennung an jedem Arm.

Ruhig lehnte ich mich zurück und schlief noch mal ein wenig. Diesmal entwickelten sich an beiden Armen mehrere Blasen, die sich im Lauf der Zeit zusammenschlossen und eine große Blase bildeten. Sie schmerzten, aber nicht so stark, dass ich es nicht hätte aushalten können. Den Vormittag verbrachte ich mit Lesen. Allmählich löste sich das Gefühl der Unwirklichkeit und ich kehrte ermattet zurück in die reale Welt.

Mir war klar, ich würde jemandem davon erzählen müssen. Die Blasen wurden immer größer und ich wusste nicht, wie ich sie behandeln sollte. Ich schämte mich, weil ich mich selbst nicht verstand. Was hatte ich getan? Mich verbrannt?! Ich? Warum war ich so wütend auf mich? War ich wütend auf mich?

Am Montagvormittag machte ich schließlich einen Termin für ein Gespräch mit Herrn Sanders aus. Aber selbst da zögerte ich das Thema so lange wie möglich hinaus und unterhielt mich stattdessen mit ihm über neue Qualitätssicherungsmaßnahmen der Klinik. Es war eine völlig surreale Situation. Wie konnte ich gleichzeitig jemand sein, mit dem man sich über Qualitätssicherungsmaßnahmen unterhalten kann, und jemand, der sich die Haut an den Armen verbrennt?

Kurz vor dem Mittagessen fragte Herr Sanders mich schließlich, was mich zu ihm führe.

Ich murmelte: »Ich habe mich verbrannt«, rollte die Ärmel hoch und zeigte ihm die Stellen an meinen Unterarmen.

Er setzte sich neben mich. Ich konnte ihm nicht mehr in die Augen sehen und starrte auf die Verbrennungen.

Sichtlich schockiert fragte er mich, wie und wann ich das getan hatte. Ich erzählte ihm, wie ich mich in den vergangenen Tagen gefühlt hatte, wie die Verbrennungen mir geholfen hatten, mich selbst wiederzufinden und meine Verzweiflung zu lindern.

»Verachten Sie mich?«

»Warum sollte ich Sie verachten?« Herr Sanders schien wirklich erstaunt.

»Ich verachte mich. Wenn schon ich mich nicht mehr leiden kann … wie können Sie mich da noch respektieren? Ich schäme mich so.«

»Natürlich respektiere ich Sie. Sie sind doch kein anderer Mensch geworden.«

»Aber ich habe … ich habe das gemacht.« Mit dem Kopf wies ich auf meine entblößten Arme. »Sie müssten mich verachten.«

Er versicherte mir, dass das nicht der Fall sei. Er mache sich nur Gedanken um mich. Er sei nur besorgt.

»Das ist …«, er suchte nach Worten, »nicht gut.«

Herr Sanders brachte mich zu Frau Grave. Auch ihr konnte ich nicht mehr in die Augen sehen. Sie meinte, dass die beiden größeren Blasen sicher geöffnet werden müssten, damit sie sich nicht irgendwann von selbst unter meinem Pullover öffneten und dann infizierten. Sie machte einen Termin in den benachbarten Städtischen Kliniken für mich aus. Während ich den kurzen Weg dorthin zu Fuß ging, beschlich mich wieder dieses eigenartige unwirkliche Gefühl. In der Dunkelheit blickten die hohen Bäume der Parkallee wie die Ewigkeit selbst auf mich herab. Die Welt um mich herum glänzte in einem besonderen Schein und zarte Nebelschwaden spielten mit den herbstlichen Blättern. Die Welt schien verwunschen und ich fühlte mich fremd in meinem eigenen Körper. Wie sagt man »Ich habe mich verletzt«, ohne dass es allzu fürchterlich klingt?

Der Pfleger und der Arzt, die mich behandelten, waren nett und schweigsam. So als gäbe es nichts zu bereden. Diese schwachsinnige Tat hatte alle Kommunikation unterbrochen. Mich vom Rest der Menschheit isoliert. In einem kleinen sterilen Raum voller Schweigsamkeit wurden die Blasen geöffnet, inspiziert und verbunden.

Ich zog mich in mich selbst zurück. Zu Beginn war mir die »ganze Sache« so peinlich, dass ich die Verbände versteckte und am liebsten mit niemandem darüber gesprochen hätte. Doch Frau Grave ließ mir das nicht durchgehen. Wir besprachen in der nächsten Einzelstunde intensiv die Gefühle, die die Tat bei mir begleitet hatten. Wir sprachen über Scham und Selbstwert. Und über mein Gefühl der Verlassenheit. Schon wieder schien ich nicht gut für mich gesorgt zu haben. Hatte meine Bedürfnisse nicht geäußert und nicht nach Hilfe gefragt, als ich sie brauchte.

Ich zeigte Frau Grave das Bild, das ich gemalt hatte, bevor ich mich verbrannte. Eine Szene aus meiner Kindheit, in der ich auf dem Boden vor dem Bett meiner Eltern schlafe. Plötzlich überkam mich große Scham. Wie konnte ich mich nur so entblößen? Dieses Bild schien mir mit einem Mal so übertrieben … so erbärmlich … und zu schwach, um als Erklärung des Geschehenen zu dienen.

Wieder fragte ich mich, was denn nun stimmte. Was war denn wirklich problematisch gewesen? Nach dem Schrecken des Wochenendes wollte ich noch weniger als vorher daran glauben, dass ich in meiner Kindheit irgendwie zu kurz gekommen sei. Offensichtlich hatte ich übertrieben. So übertrieben, wie dieses Bild war. Ein Kind, das auf dem Boden schläft. Das ist doch nicht so schlimm. Kein Grund für eine Depression. Und schon gar kein Grund, sich die Arme zu verbrennen. Ich hatte mich da offensichtlich in irgendetwas hineingesteigert. Woran konnte es also liegen, dass ich das Gefühl hatte, meine Bedürfnisse seien falsch, zu viel, unangemessen? Ich suchte nach einer anderen Antwort.

Mit vierzehn war ich magersüchtig gewesen. Im Studium hatte ich versucht, das zu verstehen. Mich zu verstehen. Woran ich mich aus dieser Zeit erinnerte, war das Gefühl der völligen Isolation. Schrecklich und großartig zugleich. Ich konnte allein sein. Und ich musste allein sein, mich nur auf mich konzentrieren. Mich so sehr auf mich fokussieren, dass alles andere, andere Menschen, aller Hunger verschwand. Die Konzentration war zunächst nur die Waffe, um das Verhungern durchhalten zu können. Doch schließlich war es auch großartig, sich so sehr konzentrieren zu können, dass die Welt keine Rolle mehr spielte. Unbedeutend war. Dass es nur noch mich gab.

Ich wurde ärgerlich, wenn jemand diese Konzentration bedrohte. »Wisst ihr nicht, wie schwierig es ist, mit 175 Kalorien am Tag auszukommen? Warum könnt ihr keine Rücksicht nehmen?« Ich wütete, belog und täuschte alle.

Irgendwann wurde die Gier zu groß. Meine Mutter war erleichtert. Brachte mir Essen. Als ich dann rasend zunahm, sperrte sie die Küche ab. Ich wurde depressiv. Zog mich in mein Zimmer zurück. Verbrachte die Nachmittage im Bett und schlief. Manchmal dachte ich darüber nach, wie ich mich umbringen könnte. Niemand bemerkte, wie es um mich stand. Ich wartete lange. Phantasierte über Hilfe. Schließlich beschloss ich, mich selbst zu retten. Es klingt komisch, aber ich kann mich an den Gedanken ziemlich genau erinnern. Ich war auf dem Weg von der Schule nach Hause, bog in die Straße mit der roten Pflasterung ein und dachte: ›Du kannst darauf warten, dass jemand kommt und sich um dich kümmert, oder du kannst dich selbst um dich kümmern.‹ Es war wie eine Erleuchtung. Eine Befreiung.

Also kümmerte ich mich von da an um mich. Kaufte mir schöne Klamotten. Suchte neue Freunde. Beteiligte mich in der Schule. Hörte auf, mich ständig zu kritisieren. Ging in den Chor. Sprach nicht mehr von Depression und Magersucht, sondern von Stimmungsschwankungen und nicht-ganz-so-gut-drauf-sein. Ich verordnete mir gute Stimmung. Machte schließlich mein Abitur mit eins und zog aus. Studium. Aufenthalt in Amerika. Ich war stark und schaffte, was ich wollte. Ich konnte für mich sorgen. Verdammt noch mal. Das war ich.

Damals dachte ich, den Grund für die Magersucht gefunden zu haben: Ich war zu abhängig gewesen. So durfte ich nicht sein, wenn ich überleben wollte. Ich durfte nicht darauf warten, dass sich jemand um mich kümmert. Wenn man erwachsen war, kümmerte man sich um sich selbst. Dann waren Hundebabyblicke völlig unangebracht. Das musste auch für die Depression gelten. Frau Grave hatte sich geirrt: Nicht meine Eltern hatten sich zu wenig gekümmert, sondern ich hatte zu viel erwartet, zu viel gewollt. Es war offensichtlich, dass mein Gefühl, falsch zu sein, stimmte.

Ich wollte Frau Grave davon überzeugen und erklärte ihr, dass eine meiner engsten Freundinnen meine Mutter sei. Es war unübersehbar, dass sie dies missbilligte. Da war nicht mal mehr ein ernstes Lächeln. Da war gar keins mehr. Mütter sollten nicht ihre Töchter zu ihren Freundinnen machen. Aber so war es ja nicht gewesen. Nicht meine Mutter war schuld an meiner Abhängigkeit. Ich selbst hatte mich in diese Hundebabygeschichte hineinmanövriert. Ich war anders. Falsch. Eigentlich schon immer.

Ich sagte, ich hätte schon immer gewusst, dass ich irgendwie merkwürdig sei. Das hätte ich gespürt, seit ich vier oder fünf war. Vielleicht schon früher, aber daran erinnerte ich mich nicht. Ich war anders als andere Kinder und spürte eine Art Glaswand, die mich von den anderen trennte. Ich war dabei, aber auch wieder nicht. Ich gehörte nicht dazu. War nicht mittendrin. Nur Beobachterin. Analytikerin. Versuchte, mir vor den anderen Kindern nicht allzu viel anmerken zu lassen. Ich wurde immer besser darin, es geheim zu halten. Viele ahnten gar nicht, dass ich anders war.

Ich hatte nicht das Gefühl, dass Frau Grave mich verstand. Sie sagte, ich öffnete die Tür nicht richtig. Wenigstens einen Spalt weit, sonst könne mir niemand helfen. Ich wusste nicht, was sie meinte. Ich erzählte ihr doch von meiner Kindheit, von meinen Vermutungen. Warum glaubte sie mir nicht?

Wieder schluckte mich die Einsamkeit. Ich machte es offensichtlich auch hier falsch. Ein Gefühl von Verlorenheit und Hoffnungslosigkeit nahm mir den Atem. Ich versagte wieder. Konnte die Tür nicht öffnen. Konnte keinen Kontakt herstellen. Zerstörte Beziehungen. Trieb die Menschen, die mir helfen wollten, weg. Ich war verzweifelt. Sogar meine Therapeutin fand also, dass ich falsch war. Mochte mich nicht.

Abends ging ich allein spazieren. Am Rand der Straße in den Blätterbergen. Wie sollte diese Verzweiflung jemals besser werden? Niemand konnte mir helfen. Ich war allein. Isolierte mich selbst und fürchtete zugleich die Einsamkeit. Es schien hoffnungslos. Wenn ich mich einfach irgendwo hinlegen könnte … Stille, Ruhe … Wäre es kalt genug? Wie lange würde es dauern, bis ich erfroren wäre? Inzwischen war es Dezember und ein früher Wintereinbruch hatte uns mit dem ersten Schnee überrascht.

Meine ständigen Bitten um Ratschläge machten das Pflegepersonal zunehmend aggressiv. Schließlich hörte ich, was ich erwartet hatte: Ich war zu viel. Ich war falsch.

»Sie sind zu verkopft. Hören Sie auf zu grübeln.«

»Seien Sie nicht so unsicher.«

»Seien Sie nicht so hysterisch.«

»Sie werfen doch nur Nebelbomben, um alle zu verwirren.«

»Werden Sie endlich erwachsen.«

Herr Sanders brachte es auf den Punkt:

»Ziehen Sie sich doch nicht jeden Schuh an. Bauen Sie nicht alles gleich in Ihr Gedankennetzwerk ein. Andere Menschen haben ein Aquarium im Kopf. Die betrachten dort erst einmal alles, was von außen auf sie einströmt, und entscheiden dann, was weitergeleitet werden soll. Sie brauchen auch ein Aquarium.«

Was ich hörte, war: Seien Sie unabhängig. Fragen Sie nicht ständig andere Menschen. Verlassen Sie sich nur auf sich selbst.

»Merken Sie eigentlich, dass Sie alle Menschen von sich wegstoßen? Vielleicht haben Sie ja das Glück und finden irgendwann jemanden, der es lange genug mit Ihnen aushält und der nicht abgeschreckt wird, weil Sie niemanden an sich heranlassen. Der Sie genug liebt, dass Sie es schaffen, sich endlich einmal zu öffnen. Wenn Sie so weitermachen, springen Sie eh irgendwann vom Balkon. Sie werden sich erst öffnen, wenn Sie am Boden liegen.«

Was ich hörte, war: Sie sind so verkorkst, dass Ihnen eh

niemand helfen kann. Sie sind einfach falsch. Sie sind zu bedürftig. Geben Sie die Hoffnung auf Hilfe auf. Frau Grave nannte es: die Prinzen-Theorie. Warten auf den Prinzen, der einen rettet.

»Seien Sie aktiv. Sie haben doch Potenzial. Nutzen Sie es.«

Was ich hörte, war: Helfen Sie sich selbst und reißen Sie sich zusammen. Strengen Sie sich einfach ein wenig mehr an.

Rückblickend und mit mehr Wissen über mich und Depressionen im Allgemeinen finde ich es geradezu tragisch, wie sich in dieser Zeit in der Klinik eigentlich alles bestätigte, was ich damals sowieso schon über die Welt zu wissen glaubte und was mich letztendlich depressiv werden ließ: Ich war zu abhängig, zu bedürftig, falsch. Meine Rettung wäre es, unabhängiger zu werden. Doch anstatt diese Gefühle mit Hilfe der Therapeuten entwirren und bearbeiten zu können, verstrickte ich mich nur noch mehr in sie.

Nach diesem Gespräch zog ich mich komplett in mich zurück. Es war, als würde ich mich nach innen hin selbst verschlucken. Eine Woche lang blieb ich in meinem Zimmer und verließ es nur zu den verordneten Therapien. Hielt die Rollläden geschlossen und schlief viel. Antwortete nicht, wenn jemand klopfte. Ging ich hinaus, hatte ich das Gefühl, ich müsste meine Augen vor dem grellen Licht schützen. Hüllte mich in Decken. Wollte mich vor der zudringlichen Welt verstecken. Nichts mehr in mich hineinlassen. Niemand vom therapeutischen Team merkte etwas davon.

Frau Grave meinte: »Vielleicht bin ich als Frau nicht die Richtige für Sie. Ich glaube, Sie bräuchten einen männlichen Therapeuten.« Anscheinend hatte auch sie aufgegeben.

Sie drängte mich, Pläne für die Zukunft zu machen. Das neue Jahr und damit auch meine Entlassung standen vor der Tür. Ich sollte Entscheidungen treffen, mein Leben wieder aktiv selbst in die Hand nehmen. Folgsam machte ich Pläne, verabschiedete mich von Frau Grave und spürte die Wucht der Lüge. Dieses ganze Gespinst von Kompetenz und Aktivität war eine Lüge. Ich konnte mir nicht vorstellen, wie mein Leben weitergehen sollte, wie ich darin glücklich werden konnte. Ich schien ungeeignet für das Leben zu sein. Fehlerhaft. Mein Ärger und meine Verzweiflung wuchsen. Sollten sie doch sehen, dass ich es nicht schaffte. Kurz entschlossen nahm ich einige Beruhigungstabletten, die ich von zu Hause mitgebracht hatte. Nicht zu viele. Aber deutlich mehr als ratsam. Ich war wütend auf mich und auf die Klinik. Wütend, dass man mich hier so einfach rausschmiss, dass niemand meine Hilflosigkeit sah. Wütend über mein Falsch-Sein. Trotzig legte ich mich in den Aufenthaltsraum und schlief ein.

An die nächsten beiden Tage kann ich mich nur noch ausschnittweise erinnern. Eine Mitpatientin hat mir erzählt, ich hätte einen Weinkrampf bekommen und sei immer wieder gegen einen Türrahmen gelaufen. Die Schwester, die sie gerufen hatte, sei ziemlich ärgerlich gewesen und habe mich ins Bett verfrachtet, wo ich dann die nächsten zwei Tage mehr oder weniger durchschlief. Als ich wieder zu mir kam, war mir alles sehr peinlich. Ich verstand nicht, wie ich mich so unkontrolliert und kindisch hatte verhalten können.

Ich entschuldigte mich und versuchte, der Entlassung positiv entgegenzusehen. Das musste doch zu schaffen sein. Herr Sanders verabschiedete sich: »Vergessen Sie nicht, dass es gute wie schlechte Zeiten gibt. Manche Tage müssen einfach ertragen werden.« Also nahm ich mich zusammen und verließ die Klinik.

Die Depression lähmt alles

Januar bis März 2001

Das erste Wochenende nach meiner Entlassung war GROSSARTIG. In Großbuchstaben. Das war kein Gefühl, das war Programm.

Doch bereits am nächsten Tag begann meine Stimmung wieder zu sinken. Wie ein dunkler Seidenschal umwehte mich die Traurigkeit. Verdammt. Ich würde nicht zulassen, dass ich mich wieder so hilflos fühlte. Räumte die Möbel in meiner Wohnung um, machte Pläne für eine ausgedehnte Europareise, wollte jobben.

Ich fragte Herrn Lehmann, was er von all dem halte. Warum konnte er mir die Angst nicht nehmen? Warum schaffte ich es nicht, mich dauerhaft besser zu fühlen? Was bedeuteten die Stimmungsschwankungen?

Herr Lehmann beruhigte mich: »Das ist normal für Ihren Zustand. Die Schwankungen sind typisch für eine ausklingende Depression. Es ist sogar gut, wenn Schwankungen auftreten und die Stimmung nicht mehr dauerhaft im Keller bleibt. Das ist nur noch eine Frage der Zeit.«

Er erklärte mir, dass es sich bei meinem Problem wohl eher um einen Hardware- als um einen Softwarefehler handelte. Also eher um ein Problem meiner Hirnchemie als meines Verhaltens. Na, das wäre doch schon mal was. Dann müsste ich nicht länger nach einer Bedeutung suchen. Müsste nicht das Gefühl haben, so schrecklich falsch zu sein. Warum hatten die in der Klinik das nicht gemerkt? Stattdessen hatten sie mir nur noch deutlicher gesagt, dass ich völlig falsch war.

Vielleicht hatte Herr Lehmann ja recht. Immerhin kannte er mich schon viel länger. Nicht ich war falsch. Nur mein Gehirn. Damit konnte ich leben. Vielleicht Medikamente nehmen. Und mich ansonsten einfach weiter anstrengen, um das Ungleichgewicht im Gehirn auszugleichen. Mich nicht hängen lassen. Das konnte ich.

Andererseits stieß ich täglich an die Grenzen meiner Bemühungen. Die Krankheit lähmte mich. Mir war klar, ich müsste mich erst wieder wesentlich besser fühlen, bevor ich irgendetwas von meinen Plänen in Angriff nehmen konnte. Mich irgendwo bewerben zu wollen erschien mir völlig utopisch. Doch nun hatte ich eine Krankheit. Ein Gehirn-Ungleichgewicht. Krankheiten haben einen Anfang, einen typischen Verlauf und ein Ende. Das war beruhigend. So lange musste ich durchhalten. Ich hoffte, meine Kraft würde lange genug reichen.

Ich besuchte eine Freundin, die noch in der Klinik war, und sprach dabei auch mit Herrn Sanders. Erzählte von der Angst, es nicht zu schaffen, der Lähmung, den Stimmungsschwankungen. Von der Verzweiflung, die mich immer wieder wellenartig umspülte.

»Ich fürchte, dass ich es irgendwann nicht mehr schaffe, dagegen anzukämpfen.«

»Was können Sie denn tun, damit Sie sich besser fühlen?«

Folgsam berichtete ich von meinen Bemühungen.

Herr Sanders setzte sich an den Schreibtisch und begann, die Tagesprotokolle für die Patientenkurven auszufüllen.

»Wissen Sie«, meinte er, »ich kenne das alles. Es gibt genug Menschen, die nur herumsitzen und jammern. Ich höre mir das nicht mehr an. Ich erzähle jetzt einfach allen, wie schlecht es mir geht.«

Er hängte die ausgefüllte Kurve zurück in das Hängeregister und nahm sich eine weitere.

Ich sah ihn verdutzt an.

»Wenn Sie nicht so viel grübeln, sondern einfach mal etwas tun würden, würde es Ihnen auch nicht so schlecht gehen. Sie wissen doch, dass Sie das Potenzial haben. Nutzen Sie es. Seien Sie kreativ.«

Ich verabschiedete mich und fuhr völlig euphorisch nach Hause. Ich habe Potenzial. Ich bin kreativ. Ich würde nicht länger herumhängen, sondern mein Leben anpacken. Also stürzte ich mich hinein und stolperte unversehens wieder in die Depression.

Herr Lehmann versuchte es moderater.

»Ich glaube nicht, dass Sie sich im Moment zu viel abverlangen sollten. Drei Dinge können Sie aber tun: täglich eine Stunde spazieren gehen, auf Ihre Schlafhygiene achten und sich jeden Tag mit jemandem treffen. Es heilt nicht, aber Sie werden damit langfristig besser fahren.«

Wir stellten Wochenpläne auf, nur um sie in der nächsten Woche wieder zu verwerfen, weil ich von Tag zu Tag weniger Kraft hatte. Warum konnte man mich nicht einfach in ein künstliches Koma versetzen, bis meine Depression sich verflüchtigt hatte? Ernsthaft. Herr Lehmann fand die Idee kreativ.

Es fiel mir immer schwerer, Herrn Lehmanns Ratschlägen zu folgen. Meine Depression besserte sich nicht, sondern wurde tiefer und tiefer und schließlich verbrachte ich die meiste Zeit völlig erschöpft im Bett. Abends steigerte sich meine Verzweiflung bis zur extremen Qual. Ich konnte ihr immer weniger entgegensetzen. Nicht mal weinen. Versuchte ich, mich durch Fernsehen abzulenken, krümmte ich mich vor Schmerzen zusammen. Mein ganzer Körper tat weh. Alles war innerlich verkrampft. Gegeneinander verzogen. Miteinander verklebt. Verspannt. Manchmal schaffte ich es zu telefonieren, aber meistens lag ich stöhnend im Dunkeln und versuchte Minute für Minute einfach nur zu überstehen.

Wozu? Das Wort waberte in dunklem Blaugrau durch mein Zimmer. Hatte ich es gesprochen oder gehörte es inzwischen zu meinem Leben wie die Dunkelheit, die mich umgab?

Ich sortierte die Medikamente in meiner Hausapotheke. Die harmlosen auf die eine Seite, die, mit denen man durchaus etwas hätte bewirken können, auf die andere. Gleichzeitig versuchte ich, nicht weiter darüber nachzudenken.

Ich durfte mich nicht geschlagen geben. Noch nicht.

Unterhaltungen mit Freunden versandeten in gequältem, quälendem Schweigen. Außer dem Schmerz spürte ich gar nichts mehr. Ich wollte niemanden sehen.

Ich wechselte die Medikamente. Der Psychiater legte mir die Therapie ans Herz. Herr Lehmann setzte auf das Antidepressivum. Doch nichts half.

Ich räumte nicht mehr auf. Wusch nicht mehr ab. Duschte nur noch selten. Ich kratzte mich an Armen und Beinen. Dadurch bekam der Schmerz Kontur. Ich driftete hinüber in die Welt der Toten. Verließ meine Wohnung fast nicht mehr. Suchte Stille. Ging allen Menschen aus dem Weg. Es war eine Qual, im Kontakt die Kontaktlosigkeit zu spüren. Ich nahm die Lähmung wahr, die ich ausstrahlte. Wenn ich nach Hause zurückkehrte, fühlte ich mich noch einsamer als zuvor. Isoliert. Ein flüchtiger Schatten in der Welt der Lebenden. Legte mich hin und dachte ans Sterben. Eigentlich war ich allen nur noch eine Last.

»Meine Stimmung hat sich gewandelt«, berichtete ich Herrn Lehmann und suchte nach Worten, um diesen schweren, müden Zustand zu beschreiben, »ich leide jetzt nicht mehr so sehr unter der Verzweiflung«, die Spitzen der Qual waren stumpf geworden. »Ich bin ganz gleichgültig. Mir ist alles egal. Am liebsten würde ich einfach den ganzen Tag im Bett bleiben.« Meine Stimme klang schleppend, das merkte ich selber.

»Wie lange schlafen Sie denn?«

»Meistens zwölf, vierzehn Stunden. Manchmal länger.« Je länger, desto besser. Dann musste ich wenigstens nicht grübeln. Nichts spüren. Die frühere Erregtheit hatte sich völlig gelegt und war einer bleiernen Schwere gewichen.

»Schaffen Sie es noch rauszugehen?«

»Ich versuche, einmal am Tag etwas zu unternehmen. Aber ich habe überhaupt keine Kraft mehr.« Ich machte eine Pause. »Ich schaff es auch nicht, mir etwas zu essen zu machen. Meistens esse ich nur Kekse. Kein Abwasch.« Ohne mich zu wiegen, wusste ich, dass ich zunahm. Ich hatte sämtliches Interesse an meinem Leben verloren. Nicht mal mehr die Miete überwiesen. Herr Lehmann war besorgt. Ließ mich feste Zeiten zur Regelung meiner Finanzen in meinem Wochenplan eintragen, an den ich mich eh nicht hielt. Es war mir egal.

»Am liebsten würde ich Sie wieder in einer Klinik sehen. Kann ich Sie in der Woche anrufen?«

Äußerlich gleichgültig nickte ich. Etwas in mir freute sich und ärgerte sich gleichzeitig über die Freude. Nicht schon wieder Hundebabygefühle. Also ging ich nicht ans Telefon.

Ich ging zur Diplom-Feier meines Jahrgangs und fühlte mich fremd und isoliert. Mein Studium schien eine Ewigkeit her zu sein. Das war ein ganz anderes Leben gewesen. Der Kontrast zwischen meinen Kommilitonen in Aufbruchstimmung und mir in Weltuntergangsstimmung hätte größer nicht sein können. Jeder sollte erzählen, was er jetzt nach dem Studienende vorhatte. Ich fühlte mich erbärmlich. Svenja saß neben mir, aber uns verband kaum noch etwas. Ich verschwand, so schnell es ging. Ich gehörte nicht dazu. Dieses Leben gab es nicht mehr. Langsam ging ich durch die dunklen Straßen nach Hause. Dort zählte ich meine Tabletten. Bald würde es so weit sein. Das ahnte ich damals bereits.

Ich sage »ahnen«, weil nur ein Teil von mir plante. Ein Teil entschied sich für den Dienstag in zwei Wochen. Den Tag, an dem ich sterben würde, wenn sich bis dahin nichts geändert hätte. Ich würde der Hoffnung wirklich eine Chance geben. Aber dann … dann würde ich mich umbringen. Doch das dachte und wusste nur ein Teil. Den anderen Teil ließ ich davon nichts wissen. Der konnte einfach so weiterleben, ohne sich mit dem Tod auseinandersetzen zu müssen.

Lebensmüde Gedanken füllten meinen Tag. Ich sah nicht mehr ein, warum ich mich weiter quälen sollte. Es war sowieso kein Leben mehr. Ich war nicht hirntot, ich war seelentot. Nur mein Körper funktionierte noch wie eine leere Hülle. Mich gab es längst nicht mehr. Mein Ich hatte sich im Nebel der toten Welt aufgelöst. Es hatte keinen Sinn, diese qualvolle Leere zu verlängern. Niemand würde ernsthaft von mir verlangen, in diesem Zustand weiterzuleben.

Das sah sogar Herr Lehmann ein. Je weiter ich in die Sinnlosigkeit abrutschte, desto dringlicher riet mir mein Therapeut zu einer weiteren stationären Aufnahme.

»Ich schaff das nicht mehr. Ich will nur noch im Bett liegen. Schon wenn ich mir die Therapieprogramme ansehe, werde ich müde.«

Herr Lehmann empfahl mir eine bestimmte Klinik, doch ich vergaß den Namen und wollte auch nicht nachfragen. Vielleicht ein stiller Protest der Hoffnungslosigkeit. Ich war nicht mehr gewillt, mich allzu sehr anzustrengen. Meine Mutter suchte mir die Adressen von Kliniken in der Umgebung heraus. Ich wählte eine aus, die sich freundlich anhörte. Das war mein einziges Kriterium. Freundlichkeit. Trotzdem konnte ich mich nicht entscheiden. Meine Gedanken schleppten sich zentnerschwer dahin. Vielleicht würde ich das ja auch alleine hinbekommen? Vielleicht sollte ich wieder in die alte Klinik gehen? Vielleicht war es für mich sowieso schon zu spät.

Schließlich rief ich irgendwo an. Man teilte mir mit, dass ich im Laufe der nächsten Woche eine Antwort erhalten würde. Als sie sich dann meldeten, hieß es, dass ich leider nicht aufgenommen werden könne, weil ich zu weit weg wohnte. Ich hörte, wie meine Stimme brach, als ich mich von der Ärztin am Telefon verabschiedete. Ich glaube, sie hat es auch gehört, denn sie fragte mich besorgt, ob ich wisse, an wen ich mich jetzt wenden könne.

Ich wusste es nicht und ich konnte nicht mehr. Es war Dienstagnachmittag. Der Tag, den ich mir vor zwei Wochen zum Sterben ausgesucht hatte, wenn es keine Hoffnung mehr gäbe. Und jetzt schien es entschieden zu sein. Ich hatte einfach keine Kraft mehr. Ich konnte den Schmerz nicht länger ertragen. Zur unendlichen Enttäuschung vom Leben kam nun Wut. Ich dachte daran, mich zu verletzen. Mir ein Messer in den Bauch zu stoßen. Ich musste ein Ende finden. Ich hatte schon vor einigen Tagen weitere Schmerztabletten gekauft. Jetzt war es so weit. Ich versuchte nicht weiter zu denken. Nichts anderes zu fühlen als die Wut. Nur den Schmerz spüren! Ihn innerlich größer werden lassen. Mich ganz von ihm ausfüllen lassen. Alles andere ausblenden. Schließlich schluckte ich die Tabletten. Eine zweite Packung. Ekelte mich vor mir selbst. Hasste mich für mein eigenes Selbstmitleid. Ich suchte die Schachtel meines Antidepressivums. Nahm vorsichtshalber noch zwanzig Tabletten davon. Machte mich taub und legte mich ins Bett.

Als ich gegen Mitternacht aufwachte, war mir übel und schwindelig. Mein Kreislauf war am Zusammenbrechen. Ich schleppte mich ins Bad, konnte mich aber nicht übergeben. Ich fühlte mich elend. Ging wieder schlafen. Wollte nichts mehr entscheiden müssen. Wollte, dass einfach etwas passierte. Ich wollte vielleicht nicht sterben, aber ich konnte auch nicht mehr leben. Lieber endgültig tot als dieses halbe, endlose, qualvolle Leben.

Gegen zwei Uhr wachte ich wieder auf. Mir war übel. So hatte ich mir das nicht vorgestellt. Nicht dieses Elend. Warum schlief ich nicht einfach? Warum war das Sterben so schwer? Jetzt, wo ich anfing zu fragen, zu denken, bekam ich Angst. Der Schmerz füllte mich nicht mehr aus. War an den Rand gedrängt von der Übelkeit. Ich war nicht mehr konzentriert genug, ihn wieder aufzublähen. Meine Gedanken wanderten in die Zukunft. Würde ich jetzt allmählich sterben? Langsam vergiftet? Wie lange würde das dauern? Würde ich es irgendwann bereuen und nichts mehr tun können? Wer würde mich finden? Ich suchte meine Kohletabletten und las die Anleitung. Spürte Angst. Angst zu sterben. Ich hatte gedacht, diese Angst existiere nicht mehr.

Wie im Schock wählte ich den Notruf. Ich sagte nicht, ich wollte mich umbringen. Ich sagte, ich habe zu viele Tabletten genommen. Die Worte kamen schwerfällig aus meinem Mund. Ich musste sie zwei Mal wiederholen, bevor die Frau mich verstanden hatte. Sie schickte einen Krankenwagen. Mit Blaulicht und Sirene. Die Sanitäter maßen meinen Puls und Blutdruck. Es fiel mir schwer, mich auf die Fragen zu konzentrieren. Ich legte mich ins Bett. Wusste nicht, was ich tun sollte. Schloss die Augen.

»Was haben Sie genommen? Wie viel?« Die Stimme klang drängend.

Ich wies wortlos auf die leeren Tablettenschachteln auf der Kommode. Der Notarzt rief die Giftzentrale an und erklärte, er werde mich mitnehmen müssen, weil diese Menge Tabletten als Suizidversuch gedeutet werden müsse.

Ich versuchte, meine Schuhe zuzubinden. Meine Feinmotorik klappte nicht mehr richtig. Schließlich schaffte ich es und suchte meinen Wohnungsschlüssel. Ich vergaß völlig, dass ich schon meinen Schlafanzug anhatte, und folgte dem Sanitäter ohne Jacke oder Tasche aus der Wohnung. Alles erschien absolut unwirklich.

Im Krankenwagen übergab ich mich in ein kleines Plastiknierenschüsselchen. Entschuldigte mich ständig bei den Sanitätern. Ich wurde auf die Intensivstation gebracht. Zur Beobachtung.

Dort lag ich wach. Blickte stumpf aus dem dunklen Fenster. Dachte an gar nichts. Außer daran, dass der Pfleger mich wohl nicht leiden konnte, weil er nie mit mir sprach. Aber ich gehörte auch nicht dazu. Das wusste ich ja.

Nach und nach wurde es draußen heller. Es schneite kleine Flocken. Das Zimmer war gelb gestrichen. Vor dem Fenster sah man eine graue Betonwand. Grauen Himmel. Keine Gefühle.

Bei der Visite musterte mich der Psychiater lange. Ich fragte mich, was er wohl sah in mir. Er wollte die Nummer meines Therapeuten haben und war erleichtert, als ich erzählte, ich hätte dort am Vormittag einen Termin.

»Warum haben Sie versucht, sich umzubringen?«

Er sah aus, als glaubte er, mich zu erschrecken, indem er es so drastisch formulierte. Aber ich erschrak längst nicht mehr. Mein Inneres war viel schrecklicher als sein Vorwurf. Ich zuckte mit den Schultern.

»Ich habe eine Depression.«

Mehr fiel mir dazu auch nicht ein.

Sie riefen ein Taxi, und ein Pfleger gab mir einen alten Arztkittel, damit ich in meinem Schlafanzug nicht so fror. Den könnte ich ja später in mein Tagebuch kleben. Kleiner Scherz. Wahrscheinlich wusste er auch nicht so recht, wie er mit mir umgehen sollte. Dann wurde ich zu Herrn Lehmann geschickt. In Schlafanzug und Arztkittel. Ich hatte nicht genug

Geld für das Taxi. Fühlte mich hilflos und überfordert. Sollte ich den Taxifahrer bitten, an einem Geldautomaten vorbeizufahren? Wie teuer war Taxifahren überhaupt? Ich beobachtete die Anzeigetafel und zählte mein Geld. Es reichte bis kurz vor die Praxis. Dort bat ich den Taxifahrer anzuhalten und sammelte meine letzten Pfennige zusammen. Er war genervt über das ganze Kleingeld.

Ich war froh, Herrn Lehmann sehen zu können, und gleichzeitig fürchtete ich mich. Da hatte ich ihn so einfach aus meinem Leben und Sterben verbannt. Ihm jegliche Bedeutung abgesprochen. Und jetzt wünschte ich mir, dass er sich um mich kümmerte. Wie würde er darauf wohl reagieren? Ich schämte mich.

Die Tür zu seinem Behandlungszimmer stand offen. Leise schlich ich hinein.

»Hallo.« Ich senkte den Kopf.

Herr Lehmann streckte mir die Hand entgegen. Der Psychiater, den ich auf der Intensivstation gesprochen hatte, hatte ihn angerufen. Er musterte mich. Ich wich seinem Blick aus.

»Ich bin froh, Sie zu sehen. Wie geht es Ihnen?«

Ich zuckte mit den Schultern. Herr Lehmann wartete. Schließlich konnte ich mich überwinden, Blickkontakt aufzunehmen. Gab es da noch eine Verbindung? Oder nur Unverständnis, Ablehnung? Was ich sah, war Besorgnis. Also gab es einen Kontakt. Über Herrn Lehmann nahm ich langsam wieder Kontakt mit mir selbst auf. Ich war noch da.

Zögernd beschrieb ich ihm den vergangenen Abend. Nicht alles. Nicht den Hass. Nicht den Drang, mich zu verletzen. Nicht meine Scham und meinen Selbstekel. Aber ich erzählte von meiner Verzweiflung und von dem Anruf aus der Klinik. Ich war gerührt, als er sagte, er sei nur wegen unseres Termins überhaupt in die Praxis gekommen, denn eigentlich sei er krank. Er habe sich Sorgen gemacht. Um mich.

Er war entsetzt, als er hörte, dass das Krankenhaus mich entlassen hatte. Am liebsten hätte er mich bis zu meiner Aufnahme in der Psychiatrie im Krankenhaus gesehen. Ärgerlich las er den Arztbrief. Ich hoffte, sein Ärger galt nicht mir.

»Ich kann nicht sofort in eine Klinik. Ich muss nach Hause. Das ist mir zu viel.«

Ich war so entsetzlich müde und taub. Er rief in einer nahegelegenen Stadt in der Psychiatrie an, um dort meine Aufnahme in zwei Tagen zu regeln.

»Wo können Sie hingehen, bis Sie einen Platz in der Psychiatrie haben?«

Ich wollte nur nach Hause. Niemanden mehr sehen. Wieder zu mir kommen. Mich von dem Schock erholen.

»Ich werde Sie nicht allein nach Hause entlassen.«

Ich versuchte es mit ein wenig unangebrachter Heiterkeit. »Ich tu mir nichts. Ich bin viel zu wehleidig.«

»Ich hatte mal eine Kollegin, die hatte eine Patientin, die auch völlig vernünftig schien. Nach einem Suizidversuch. Meine Kollegin hat sie nach Hause gehen lassen und sie ist vom nächsten Parkhaus gesprungen. Wo können Sie hingehen?« Er blieb stur.

Schließlich erreichte ich eine Freundin, bei der ich den Nachmittag verbringen konnte.

Medikamentenversuche

FRÜHJAHR 2001 BIS SOMMER 2002

Meine Mutter brachte mich nach F. in die Klinik. Ich war unendlich müde. Eine Schwester zeigte mir mein Zimmer und ich legte mich aufs Bett. Meine Mutter begann, meine Sachen in den Schrank zu räumen. Wir warteten auf den Stationsarzt. Er war sehr jung, trug Turnschuhe und Jeans und telefonierte ständig. Gemeinsam mit der Psychologin und einer Schwester führte er das Aufnahmegespräch.

»Können Sie garantieren, dass Sie sich hier nichts antun?«

Ich wusste nicht, was ich sagen sollte. Gerade jetzt war mir alles egal. Ich wollte mich nicht umbringen. Aber ich wollte auch nicht dafür sorgen müssen zu leben. Mich nicht mehr kümmern müssen. Einfach nichts mehr. Also schüttelte ich den Kopf.

»Frau Leonhardt, können Sie mir versprechen, dass nichts passiert?«

Warum sollte ich einem fremden Menschen das versprechen? Wusste er eigentlich, wie viel Kraft es mich kostete zu leben? Im Zweifelsfall wäre ich allein mit meinem Versprechen. So sehr wollte ich mich nicht verpflichten. Ich würde mir nicht helfen lassen können, das wusste ich. Aber diese Entscheidung wollte ich auch nicht treffen.

»Ich kann nicht noch einmal in ein anderes Zimmer umziehen. Ich habe keine Kraft mehr.«

Dr. Barzik verlegte mich auf die geschützte Station und half mir, mein Gepäck zu tragen. Er schloss die Tür auf und ich folgte ihm ans Ende des Gebäudes. Erdgeschoss, damit man sich nicht aus dem Fenster stürzen kann. Mit einem umzäunten kleinen Garten.

Später schilderte er im Arztbrief seinen ersten Eindruck von mir:

Es kommt eine normalgewichtige, gepflegte Patientin. Sie ist wach, allseits orientiert, bewusstseinsklar. Der interpersonelle Kontakt ist herstellbar. Im Gespräch wirkt sie gequält und hilfesuchend. Sie berichtet mit leiser, wenig modulierter und weinerlicher Stimme über ihre Problematik, ist durchaus offen und differenzierungsfähig in ihren Äußerungen. Affektiv ist sie deprimiert, jedoch noch auslenkbar. Sie berichtet von Insuffizienz- und Schuldgefühlen sowie einem Gefühl der Gefühllosigkeit, von innerer Unruhe und Kraftlosigkeit. Der Antrieb ist deutlich reduziert, formal gedanklich ist die Patientin verlangsamt, teilweise auch auf ihre Insuffizienzgefühle eingeengt. Es besteht kein Wahn. Keine Halluzinationen oder Ich-Störungen. Konzentration, Merkfähigkeit und Auffassung sind ungestört, zum Zeitpunkt der Aufnahme hat die Patientin latente Suizidgedanken, keine Suizidpläne. Sie kann sich jedoch nicht vollständig von Suizidalität distanzieren, so dass sie freiwillig auf der geschlossenen Station verbleibt.

Diagnose: Schwere depressive Episode.

In diesen ersten Tagen dämmerte ich fast die ganze Zeit in meinem Bett vor mich hin. Ich lebte in einer anderen Welt. Dort gab es keine Menschen. Nur Schweigen und Grauen. Körperlos verlor ich mich im Nebel. Ab und zu streiften Worte wie Suchscheinwerfer durch die Finsternis. Aber sie verhallten ohne Bedeutung. Nur für die Mahlzeiten und Visiten stand ich auf. War ich wach, beschäftigten mich lebensmüde Gedanken. Ich wollte nicht sterben, aber ich lebte schon lange nicht mehr und hatte keine Hoffnung, dass sich das jemals ändern würde. Stumpf folgte ich der Stationsroutine. Wecken. Aufstehen. Puls und Blutdruck messen. Frühstücken. Schlafen. Visite. Schlafen. Mittagessen. Schlafen. Abendessen. Fernsehen. Schlafen.

Die Schwestern und Pfleger blieben gesichtslos. Keinen würde ich jemals wiedererkennen. Wir berührten uns nie. Oder ich merkte es nicht.

Der Oberarzt mochte mich nicht.

Nach ein, zwei Wochen sollte ich auf die offene Akutstation umziehen. So viele Menschen. Zwölf Patienten. Wenn ich im Aufenthaltsraum saß, merkte ich, dass die anderen über mich tuschelten. Ich konnte mich nicht mit ihnen unterhalten. Mir fehlten die Worte, mit denen ich andere Menschen erreichen konnte. Konnte ihre Sprache nicht mehr deuten. Schließlich stand ich auf und lief vor ihren Blicken davon. Mein Bett wurde eine stumme Insel.

Dr. Barzik kam und setzte sich neben mich.

»Was ist los?«

Das Sprechen bereitete mir Mühe. »Ich kann nicht mehr. Ich halte es nicht mehr aus. Das macht alles keinen Sinn mehr. Ich weiß nicht, was ich machen soll. Ich habe keine Kraft mehr.«

»Das stimmt. Möchten Sie wieder auf die Geschlossene zurück?«

Diesmal waren es nicht die lebensmüden Gedanken, die mich verzweifeln ließen, sondern die eisige Isolation, in der ich wie eingefroren zurückblieb. Stumm zog ich mit meinen Sachen zurück auf die geschützte Station. Gab die Schnürsenkel und die Kabel meines Discmans ab. Ich wusste nicht, wie lange ich dazu noch den Verstand hatte.

Der Oberarzt fragte mich nach den Gründen für meine Depression. Was meinte ich als Frau vom Fach dazu? Ich berichtete ihm von meiner Therapie. Vielleicht eine Ablösungskrise? Doch schließlich lebte ich schon so lange allein. Ich konnte keinen überzeugenden Grund nennen. Vielleicht gab es keinen. Das kommt vor.

»Auf einer Skala von null bis hundert, wobei null absolut schlecht und hundert wie Weihnachten und Geburtstag zusammen ist, wo würden Sie Ihre Stimmung heute einordnen?«

Ich musste überlegen.

»Vielleicht zwei oder drei?« Ziemlich weit unten auf jeden Fall. Und da blieb sie auch. Die Zeit verstrich, ohne dass ich die Tage unterscheiden konnte.

Eine Patientin schnitt sich in die Arme und wurde erst nach einiger Zeit entdeckt. Das Blut musste aufgewischt werden. Die Patientin wurde ins Beobachtungszimmer verlegt.

Mir zeigte es, dass ich auch auf der Geschlossenen nicht völlig sicher war. Wo konnte ich mich endlich sicher fühlen? Ich brauchte Halt und fand keinen. Meine Verzweiflung wuchs und drängte mich in der Finsternis auf einen dunklen Abgrund zu. Ich begann, mir die Hand aufzukratzen. Immer wieder kratzte ich an der gleichen Stelle. Der Schmerz gab mir Halt, aber ich begann mich auch zu fürchten. Die Wunde fing an zu nässen. Was sollte ich nur tun? Endlich schaffte ich es, um Hilfe zu bitten. Die Worte müssen verzerrt aus meinem Mund gekommen sein. Ich brauchte drei Anläufe, bis ich meine Bitte verständlich machen konnte. Einer der gesichtslosen Pfleger sah sich die Wunde an meiner Hand an. In seinem Blick sah ich nur Fremdheit. Ich bekam ein Beruhigungsmittel.

Dr. Barzik setzte gegen den Oberarzt durch, dass ein anderes Antidepressivum ausprobiert wurde. Jeden Nachmittag bekam ich jetzt eine Infusion. Ich lag zweieinhalb Stunden da und versuchte, meinen Arm warm zu halten. Das Tröpfeln des Medikamentes hatte etwas Beruhigendes.

Am Abend des zweiten Tages lag ich wach im Bett. Mein Blick wanderte aus dem Fenster. Ich sah Vögel, junge Blätter an den Bäumen, die sich im Nieselregen bewegten, vorbeiziehende Wolken. Plötzlich wurde es mir bewusst: Ich sah wieder etwas! Die Eindrücke versackten nicht mehr irgendwo in meinem Gehirn, sondern sie drangen lebendig in mein Bewusstsein. Ich konnte den Frühling sehen. Es gab einen Kontakt zwischen mir, der Toten, und der lebendigen Welt. Ich war außer mir vor Verwunderung. Mein Blick wanderte zwischen den Bäumen hin und her. Vorsichtig, um die Brücke zwischen den Welten nicht zu zerstören, berührte ich meine kalten Wangen. Ich tastete mit den Fingern nach meinen Augen und fragte mich, wann ich sie geöffnet hatte.

Am nächsten Morgen wachte ich erst auf, als der Pfleger zum Blutdruckmessen kam. Ich fühlte mich anders. Nicht mehr so verzweifelt. Kein Gedanke daran, mich umzubringen. Und nicht, weil ich mich bemühte, nicht dran zu denken, sondern einfach, weil mir nicht danach war. Hastig zog ich mich an.

Ich lief den Flur hinunter und fühlte mich ein wenig schwindelig. Überdeutlich spürte ich durch meine nackten Füße jede Kerbe im Boden. Meine Finger suchten Halt an den Wänden. Ich begegnete Anita. Grüßte sie. Lächelte. Ich lächelte!

Ein Pfleger sah mich und blickte mich erstaunt an. »Morgen!« Die Schallwellen erreichten mich ohne die übliche Verzögerung.

»Guten Morgen, guten Morgen«, die Worte kamen wie von selbst aus meinem Mund. Ich zuckte vor dem ungewohnten Geräusch zusammen, lauschte fassungslos dem Klang meiner Stimme. Berauscht vor Glück. Lächelte wieder.

Melanie war neu auf der Station.

»Hast du Lust, Schach zu spielen?« Ich sah sie fragend an. Hoffte, dass sie nicht Nein sagen würde. Fürchtete, der Zauber würde sich jeden Augenblick als besonders grausames

Spiel der Krankheit entpuppen und mich in noch tiefere Verlassenheit stürzen.

»Klar.« Sie griff nach dem Spielekasten im Regal.

Wir spielten Schach. Eine Gruppe von Patienten und Pflegern stand um uns herum. Ich machte einen Witz und alle lachten. Ich konnte es kaum glauben. Es war, als erlebte ich das alles zum ersten Mal in meinem Leben. Ich fühlte mich ausgeruht. Lebendig. Als Teil meiner Umwelt. Fast ein wenig verliebt in mein neues Selbst. Durch die eisige Wolke um mich herum drangen einzelne, wärmende Lichtstrahlen. Wenn mein Blick den eines Pflegers traf, lächelten wir uns erstaunt und etwas zögernd an.

Nackt wie ein Neugeborenes fand ich mich in der alten Welt wieder. Ich zitterte vor Angst und Aufregung und wagte kaum zu hoffen. Es konnte nicht an dem neuen Medikament liegen. Natürlich nicht. Das wusste ich. So schnell wirken Antidepressiva nicht. Und doch …

Nach dem Frühstück war Visite. Ich spürte wieder Kraft in mir. Die Verzweiflung war verschwunden. Vorsichtig bewegte ich mich durch die Räume der lebendigen Welt. Fürchtete, durch ein falsches Wort, eine falsche Bewegung wieder in die Einsamkeit zurückgeschleudert zu werden. Mit den Fingern tastete ich über den Stoff des roten Sofas im Gemeinschaftsraum. Wirklichkeit. Lebendigkeit. Ich störte mich an der Eintönigkeit der Geschlossenen. Bat um die Verlegung auf eine offene Station. Ich muss auch nach außen einen völlig veränderten Eindruck gemacht haben, denn Dr. Barzik hatte keinerlei Einwände. Skeptisch stimmte schließlich auch der Oberarzt zu.

Auf der Station wurde verhaltenstherapeutisch gearbeitet. Ich war an Therapie nicht mehr interessiert. Hatte kein Bedürfnis mehr, tief in unbewussten Konflikten zu graben. Wollte nur noch weg. Weg aus der Klinik. Aber vor allem weg von meinem kranken Selbst. Auf keinen Fall wollte ich es näher kennenlernen und erteilte allen, die das versuchten, eine blanke Absage. Ich hatte die Nase voll von all dem Psychologisieren und wollte pragmatische Hilfe. Die Depression gab es nicht mehr. Ich fühlte mich wieder gut. Und das würde so bleiben. Per Beschluss.

Ich konnte wieder auf Menschen zugehen. Statt der verschwommenen Schemen nahm ich nun Gesichter wahr. Vorbei war die Zeit, in der ich den Tag regelrecht verschlief. Morgens war ich die Erste. Angezogen und geduscht. Dann lief ich geschäftig umher, fast wie ein wenig betrunken. Redete viel, berauscht von dem Klang meiner eigenen Stimme und immer auf der Suche nach einer Bestätigung meiner Lebendigkeit. Ich ging zum Sport und zur Ergotherapie, joggte, machte lange Spaziergänge in der Stadt, besuchte die Depressions-Informationsgruppe und die Problemlösegruppe. Im Speisesaal unterhielt ich mich oft über drei Tische hinweg mit meinen Mitpatienten und sprudelte nur so über. Redselig, voller Schaffensdrang.

»Ich muss hier raus! Jetzt! Wenn die mich nicht entlassen, entlasse ich mich selbst!«

Meine Mitpatientin sah mich an: »Lass es lieber langsam angehen. Wenn die dich noch länger hierbehalten wollen, dann hat das seinen Grund.«

»Nein. Ich kann nicht. Ich werde hier drin verrückt! Du verstehst das nicht. Ich kann hier nicht mehr bleiben.« Um ehrlich zu sein, trieb mich die Angst. Die Angst vor der Depression. Ich war auf der Flucht. Aber das konnte ich nicht zugeben. Nicht mal vor mir selbst.

Auch meine Therapeutin war skeptisch. Sie erklärte mir die Sache mit dem dünnen Eis – sieht gefroren aus, ist aber noch brüchig. Das Medikament hatte erst *begonnen* zu wirken und mein neu gewonnener Lebensmut würde vielleicht der Belastung durch den Alltag nicht gewachsen sein. Ich sollte vorsichtig sein. Auf meinen Schlafrhythmus achten. Mir nicht zu viel vornehmen.

Doch das ging natürlich nicht. Ich musste mir etwas vornehmen. Möglichst viel sogar. Um zu spüren, dass ich lebte. Um mich zu spüren.

Am ersten Wochenende, das ich probeweise zu Hause verbrachte, überkam mich dann die Angst. Schnell stürzte ich mich ins Stadtleben. Ging zum Friseur, mit einer Freundin shoppen und ins Kino. Mir war gleichgültig, welchen Film ich sah. Bis weit nach vier Uhr morgens saßen wir in der Kneipe. Die Angst war weg.

Und damit das so blieb, musste ich dauerhaft raus aus der Klinik. Der Oberarzt, der mich von der Geschlossenen kannte, legte mir noch ans Herz, in der ambulanten Therapie an den Problemen meiner Persönlichkeitsstruktur zu arbeiten. Ich hatte keine Ahnung, wovon er sprach. Er kannte mich doch gar nicht. Was er von mir wusste, war nur die Depression gewesen. Das war eine Krankheit. Nicht ich. Er sah das offensichtlich anders, ließ mich dann aber in Ruhe.

Nach zwei Wochen auf der offenen Station wurde ich schließlich entlassen, nicht ohne vorher versprochen zu haben, mich sofort mit Herrn Lehmann in Verbindung zu setzen und meine Medikamente regelmäßig zu nehmen.

Gibt es das wirklich: eine so rasante Besserung? Es kommt nicht oft vor, aber genauso plötzlich, wie sich die Depression an einem Nachmittag im letzten Sommer über mich gelegt hatte, genauso schnell war sie nun verschwunden. Das gibt es. Herr Lehmann hatte mir immer wieder davon erzählt, als ich mich deprimiert und hoffnungslos bei ihm eingefunden hatte. Doch damals hatte ich ihm nicht geglaubt. Nun aber fragte er mich, ob ich manisch sei. Bitte?! Ich war doch nicht übergeschnappt, ich war glücklich. Darüber war ich nicht bereit zu diskutieren. Ich war aktiv. Ich war selbstbewusst. Ich war völlig normal. Ich sprudelte über vor Plänen. Bewarb mich an verschiedenen Universitäten um eine Stelle als Wissenschaftliche Mitarbeiterin und wurde zu Vorstellungsgesprächen eingeladen. Ich kaufte mir einen neuen Laptop. Den würde ich ja jetzt brauchen für meine Dissertation. Endlich hatte ich das Gefühl, dem gewachsen zu sein. Meine Eltern wollten es kaum glauben, genauso wenig wie meine Freunde, die ich völlig euphorisch anrief.

Damals begann ich, dieses Buch zu schreiben. Wäre es ein Film, so wäre jetzt Zeit für den Abspann. Ende gut, alles gut. Ich bekomme einen Job, einen Mann, Kinder. Und sie leben glücklich … blablabla. Doch die Wirklichkeit hielt sich nicht an das Skript.

Bereits wenige Tage nach meiner Entlassung kroch mir die Angst wieder in den Nacken. Ein Spaziergang im Moor auf dem Bohlensteg meiner Willenskraft. Fehlende Bohlen und wandernde Sumpflöcher ließen mich immer wieder bis zur Hüfte einsinken. Doch ich konnte nicht zugeben, dass der Weg nicht gangbar war. Es gab ja keinen anderen.

Ich erlebte etliche gute Tage, die mich immer wieder aufatmen ließen, aber die schlechten waren eindeutig in der Überzahl. Ich fing wieder an zu grübeln, übte mich in lebensmüden Gedanken und meine Stimmung schwankte zwischen diffuser Angst und Verzweiflung. Schon nach drei Wochen ließ ich mich wieder in die Klinik einweisen.

Im Aufnahmegespräch beschwor ich die Ärztin: »Vielleicht habe ich auch einfach nur Angst? Verstehen Sie? Vielleicht geht diese dunkle Stimmung auch einfach von alleine vorbei. Mit der Zeit. Vielleicht ist das ganz normal? Wissen Sie, mein

Antrieb ist ganz in Ordnung. Nur meine Stimmung fällt immer wieder in den Keller.«

Ich hoffte, sie würde mich beruhigen. Natürlich hatte ich Angst. Ich hatte ja schließlich Schreckliches erlebt. Aber das musste doch nicht heißen, dass mir weiter Schreckliches drohte, oder?

»Ich habe in zwei Wochen ein Vorstellungsgespräch in Dresden. Könnte ich dann von hier aus dahin fahren?«

Die Ärztin sah mich mehr als skeptisch an. »Ich halte das für keine gute Idee. Sie brauchen Ruhe und Erholung. Noch sind Sie nicht so weit, dass ich Ihnen raten könnte, sich diesem Stress auszusetzen.«

Ich war enttäuscht. Vielleicht auch gekränkt. »Ich neige nicht dazu, vor so etwas wegzulaufen. Ich schaffe, was ich will.«

»Es ist Ihre Entscheidung, aber ich würde Ihnen davon abraten.«

Ich fuhr nicht. Und erlebte es als dramatische Niederlage. Fiel zurück in die Depression. Die Erinnerung an die ersten Tage zurück in der Klinik ist wie aus meinem Gedächtnis gelöscht. Zusätzlich zum Antidepressivum erhielt ich ein Neuroleptikum und ein Beruhigungsmittel. Wieder lag ich fast die ganze Zeit im Bett. Ich spürte keine Angst, keine Verzweiflung. Ich spürte gar nichts. Mich berührte nichts mehr. Manchmal wünschte ich mir, irgendetwas würde zu mir durchdringen. Selbst die Panik und Verzweiflung der letzten Wochen schienen mir besser als dieser tote Zustand.

Stunden später war das tote Gefühl verschwunden und ich spürte meinen Willen, meine Gefühle, mich wieder. Diese Zustände wechselten einander völlig abrupt ab. Als würden sich in meinem Inneren mein depressives Ich und mein »normales« Ich die Klinke in die Hand geben. Als würde man einen Schalter umlegen. Auf der Hundertpunkteskala schwankte meine Stimmung an einem einzigen Tag zwischen zehn und achtzig.

Es dauerte also nicht lange, bis ich wieder damit begann, mir die Haut an Armen und Beinen zu zerkratzen. Mein depressives Ich nahm immer mehr Raum ein. In der Therapie arbeiteten wir daran, wie ich die destruktiven Gefühle und Gedanken eindämmen könnte. Wie könnte ich besser mit Verlassenheits- und Hilflosigkeitsgefühlen umgehen? Was könnte mich ablenken? Bloß nicht allein auf dem Zimmer sitzen und grübeln. Schon gar nicht im Bett. Realität in die schwammige Unwirklichkeit bringen. Sicherheit schaffen. Nur zögerlich ließ ich mich darauf ein. Ich wollte mich nicht mit der Depression arrangieren. Ich wollte Heilung.

Gleichzeitig blieb das Gefühl zurück, dass eine Welt, in der ich so massiv für Sicherheit sorgen musste, schon extrem unsicher sein musste. Wenn ich nicht mal ein wenig auf dem Bett dösen konnte, ohne einen depressiven Absturz zu riskieren, dann konnte ich kaum gesund sein. Ich schämte mich für meine mangelnde Fähigkeit, mit der Depression fertig zu werden.

Dann traten auch noch Nebenwirkungen des Neuroleptikums auf. Mein Gesicht fing an zu zucken, wenn ich redete. Eine Art Krampf der Muskulatur im unteren Gesichtsbereich. Als ich den Ärzten davon berichtete, meinten sie, das liege am Stress. Ich fühlte mich veralbert und wenig ernst genommen. Das war kein zuckendes Augenlid. Ich war doch nicht dämlich. Auf mein Drängen hin führten sie schließlich eine Blutuntersuchung durch und reduzierten eilig die Medikamentendosis. Das Zucken hörte auf.

Auch an einer Wachtherapie nahm ich teil. Ich wurde drei Mal in der Woche nachts um ein Uhr geweckt und durfte erst wieder am nächsten Abend schlafen gehen. Dies entspricht einer partiellen Schlafdeprivation (PSD). Die meisten Patienten mit Depressionen klagen über Schlafprobleme. Dieser Zusammenhang brachte Wissenschaftler auf die Idee, über den Schlaf auch Einfluss auf die Depression zu nehmen. Durch die Wachtherapie erleben zwei von drei Patienten eine Verbesserung ihrer Symptome an dem Tag direkt nach der durchwachten Nacht. Schon diese kurze Stimmungsaufhellung kann entlastend wirken. Ich jedoch konnte kaum eine Verbesserung meiner Stimmung feststellen.

Der Chefarzt kam zur Visite und fragte mich, was ich noch von einer psychotherapeutischen Behandlung erwartete, da meine Beschwerden so offensichtlich biologisch bedingt seien. Ich stutzte. Biologisch bedingt? Also eine endogene Depression? Keine gestörte Persönlichkeit. Keine problematische Kindheit. Gestörte Gehirnchemie. Ich atmete auf. Das war nicht nur Balsam für mein gekränktes und beschämtes Selbst, sondern hieß auch, dass ich einfach den Medikamenten vertrauen konnte. Ich musste mich nicht mehr vor mir selbst fürchten, ich hatte lediglich eine Krankheit. Eine Erkrankung des Gehirns empfand ich weitaus weniger bedrohlich als eine Störung meines Selbst. Damals zumindest.

Schließlich stabilisierte ich mich. Die Stimmung kippte nicht mehr so extrem. Der Kontakt zur Welt verbesserte sich, auch wenn ich sehr vorsichtig war. So wurde ich also entlassen. Mir ging es zwar nicht so überschäumend gut wie beim letzten Mal, aber ich spürte kaum noch Angst.

Nach meiner Entlassung zog ich vorübergehend wieder bei meinen Eltern ein. In meiner Wohnung hätte ich es nicht mehr ausgehalten. Zu traumatisch die Erinnerung an die Erlebnisse dort. Ich wollte dieses alte Leben abstreifen, zurücklassen, nie wieder ansehen. Zu viel hatte ich verloren. Zu viel war mit Schrecken behaftet. Ich beendete die Therapie bei Herrn Lehmann, kündigte meine Wohnung, bewarb mich um einen Ausbildungsplatz an einem psychotherapeutischen Lehrinstitut und zog in eine andere Stadt.

Ich war erleichtert, dass mich meine Gefühle nicht mehr hin und her warfen. Die Depression war ebenso verschwunden wie der Schmerz. Mein Leben ließ mich nicht mehr verzweifeln – allerdings begeisterte es mich auch nicht. Ich war die Schweiz. Neutral.

Nachdem ich mich in dieser Form ein halbes Jahr stabil gehalten hatte, begann ich meine Ausbildung zur Psychotherapeutin und damit auch die Arbeit in einer psychosomatischen Rehaklinik. Warum wählte ich die Psychotherapie und nicht die Wissenschaft? Ich hatte doch gerade meine eigene Therapie abgebrochen. Damals schob ich solche Fragen beiseite. Ich grübelte nicht mehr. Tat einfach, was sich anbot. Und ich wollte schließlich Psychotherapeutin werden, seit ich sechzehn war. Darüber musste und wollte ich nicht mehr nachdenken. Wenn ich es getan hätte, wären mir wahrscheinlich einige gute Gründe dafür eingefallen. Ich war ja nun neutral. Und hatte Erfahrung. Eine neutrale Psychotherapeutin mit Erfahrung aus erster Hand. Besser geht's nicht. Außerdem gab es noch einen anderen Grund: Ich wollte meine These beweisen, dass es solche und solche Depressionen gab. Depressionen, die psychisch bedingt waren und psychotherapeutisch behandelt werden mussten und konnten. Und die anderen. Meine. Meine Depression war quasi Einbildung. Hatte nichts mit meinem Leben zu tun. Nicht ich war gestört, sondern mein Gehirn. Damit hatte ich mich lange genug beschäftigt.

Aber warum war mir das so wichtig? Ich war ja nun »gesund«. Medikamente hatten das geschafft. Konnte es mir da nicht egal sein, warum ich krank geworden war? Vermutlich war es mir so wichtig, endgültig zu beweisen, dass meine Depression biologisch bedingt war, weil es immer noch diese kleine Stimme in meinem Hinterkopf gab, die Frau Grave glaubte und vor der ich eine Heidenangst hatte. Ich glaube, ich wollte niemanden außer mich selbst überzeugen, dass es keinen Grund gab, an mir und meiner Beziehung zu meiner Mutter zu zweifeln.

Ein Teil der Ausbildung zur Psychologischen Psychotherapeutin besteht aus einem achtzehnmonatigen Praktikum in einer Klinik. Ich arbeitete als Psychotherapeutin in Ausbildung (PiA) in einer psychosomatischen Rehaklinik. Bereits nach wenigen Wochen war ich zuständig für die Psychotherapie von fünfzehn bis achtzehn Patienten und leitete verschiedene psychoedukative Gruppen. Was ich an »Wissen« beziehungsweise »Erfahrung« mitbrachte, bestand bis zu diesem Zeitpunkt aus einem dreisemestrigen Angebot an der Uni in Gesprächspsychotherapie. Dort hatten wir fünf Gespräche mit freiwilligen Mitstudenten geführt und versucht, dabei möglichst hilfreich und empathisch zu sein. Das versuchte ich nun auch. Und war völlig überfordert.

Wir PiAs durften dankbar sein, überhaupt eine minimal bezahlte Stelle bekommen zu haben, und wurden gnadenlos ausgenutzt. Bis zu achtzehn Patienten im Halbstundentakt. Fließbandarbeit mit dem Anspruch, das Endprodukt nach liebevoller Handarbeit aussehen zu lassen. Das waren doch Menschen, die wir behandelten! Schnell schraubte ich meine Ansprüche an die zu erreichenden Therapieziele herunter. Wenn die Patienten nach vier bis sechs Wochen und insgesamt zwei bis drei Therapiestunden nach Hause gingen und eine Idee davon hatten, dass Psychotherapie hilfreich sein konnte, hatte ich bei den meisten viel erreicht. Doch für mich war das frustrierend wenig. Besonders schlimm war es, wenn sich meine Frustration mit der der Patienten deckte, wenn ich beispielsweise auf Patienten traf, die sich mühevoll die sechs

Wochen Reha zeitlich freigeschaufelt und beim Kostenträger erkämpft hatten und nun erwarteten, dass sie diesem Aufwand entsprechend in intensiver Psychotherapie ihre Probleme angehen konnten.

Zusätzlich zu den schlechten Rahmenbedingungen und meiner mangelnden Erfahrung machten mir nun verstärkt die Nebenwirkungen der Medikamente zu schaffen. Als ich arbeitslos war, war es kein großes Problem gewesen, zwölf Stunden am Tag zu schlafen. Doch nun ging ich ins Bett, kaum dass ich abends nach Hause kam. Schnell noch etwas einkaufen oder eine halbe Stunde fernsehen – das war's. Außer zu meinen Arbeitskollegen hatte ich keinerlei Kontakte. Wann hätte ich die auch knüpfen sollen? Am Samstag dann die theoretische Ausbildung. Ich schwänzte oft und schlief am Wochenende viel, um die Arbeit überhaupt bewältigen zu können, ohne zwischendurch immer wieder am Schreibtisch einzunicken.

Wäre ich nicht so abgestumpft gewesen, hätte mich sicher häufiger ein schlechtes Gewissen geplagt. Ich fühlte mich inkompetent und hatte zudem den Eindruck, dass ich irgendwie dumm geworden war. Es gelang mir kaum noch, mich empathisch einzufühlen und Zusammenhänge herzustellen. Ich mühte mich, aber es schien, als hätte ich mein Einfühlungsvermögen verloren. Für mich war das gespenstisch. So kannte ich mich nicht. Kam das vielleicht von den traumatischen Ereignissen während der Depression? Niemand hatte mir erklärt, dass das die Kehrseite meiner gerade liebgewonnenen Neutralität war. Meine Antennen waren verschlammt.

Herr Sanders hatte mir die Wirkung von Neuroleptika mal so beschrieben: »Die Welt ist noch genauso erbärmlich wie vorher, aber es stört Sie nicht mehr.« Gefühlsmäßiges Mitschwingen. Eher schwierig. Ich versuchte, mir mit meinem

Verstand zu behelfen. Las Bücher, wenn ich nicht gerade schlief. Und fühlte mich doch dumm.

Ich schwitzte enorm. Nach dem zehnminütigen Spaziergang von der Bushaltestelle zu meiner Arbeitsstelle war ich völlig durchnässt. Im Februar. Ich schminkte mich immer erst in der Klinik, weil alles andere vergebliche Liebesmüh gewesen wäre. Doch das Schlimmste für mich war damals die Gewichtszunahme. Mit Beginn der Einnahme der Medikamente war mir mein Sättigungsgefühl abhandengekommen. Ich war nie satt. Immer hungrig. Süß-Hunger. Schon mittags aß ich Kuchen. Während der Arbeitslosigkeit hatte ich drei Stunden täglich Sport getrieben, um mein Gewicht zu halten. Das war nun nicht mehr drin. Innerhalb eines halben Jahres nahm ich zwanzig Kilogramm zu. Doch das war »normal«. Einer Studie zur Gewichtszunahme bei Einnahme von Neuroleptika zufolge legten die Teilnehmer, die »mein« Medikament bekommen hatten, in den ersten zwölf Wochen durchschnittlich sechs bis acht Kilo zu. Durchschnittlich. Manche auch mehr. Die Psychiater hatten mir erklärt, ich würde es als Langzeitprophylaxe voraussichtlich zwei bis fünf Jahre nehmen müssen. Tolle Aussichten.

Kurzentschlossen setzte ich das Medikament ab. Ich konnte mir ja schlecht alle paar Wochen eine komplette neue Garderobe in der nächsten Größe kaufen. Die Psychiaterin, die ich mir in der neuen Stadt gesucht hatte, war, nun ja, vorsichtig ausgedrückt, besorgt, als ich ihr davon erzählte. Doch mir ging es gut.

Vier Tage lang. Dann versank ich. Meine Zukunft erschien mir plötzlich wieder hoffnungslos, die Gegenwart schmerzhaft unerträglich. Ich ließ mich krankschreiben. Meine Gedanken kreisten immer wieder um meine verlorene Zukunft. Ich konnte nicht arbeiten, hatte keine Freunde, war unheilbar krank, hässlich. Vorbei. Mir konnte niemand helfen. Dies war die Wirklichkeit und ich hatte sie nicht wahrhaben wollen. Die Depression lachte mich aus und beschimpfte mich übel.

Ich nahm die Medikamente wieder. Schlief den ganzen Tag. Zwei Wochen später war ich wieder neutral. Und nahm weiter zu.

Drei Monate danach hatte ich Urlaub und versuchte diesmal unter Anleitung meiner Psychiaterin, das Medikament gegen eines mit weniger Nebenwirkungen auszutauschen. Das Experiment misslang und wieder waren die Stimmungen kaum auszuhalten. Wie sollte es weitergehen? Ich war verzweifelt. Schließlich konnte ich mich ja nicht immer wieder krankschreiben lassen. Aber was waren meine Alternativen? Die Medikamente nehmen und immer weiter zunehmen oder aber die Medikamente absetzen, die Ausbildung aufgeben und mich ausschließlich meiner Krankheit widmen? Beides schien schrecklich.

Ich entschied mich dazu, noch einmal in eine Klinik zu gehen und dort in geschützter Umgebung relativ schnell so lange alternative medikamentöse Behandlungen auszuprobieren, bis eine akzeptable Lösung gefunden wäre. Erschien mir vernünftig. Ich wandte mich an eine Uniklinik, die ihre Erfahrungen in der Behandlung von schweren Depressionen mit Neuroleptika im Internet publizierte. Das Vorgespräch stimmte mich hoffnungsvoll und innerhalb von zwei Wochen hatte ich einen Behandlungsplatz.

Als ich das erste Mal die Depressionsstation betrat, wäre ich fast auf der Stelle umgekehrt und wieder gegangen. Unglaublich. Ein dunkles Stockwerk in einem Betonhochhaus. Weder der Speisesaal noch der Tagesraum erhielten durch die Fenster ausreichend Licht. Künstliches Licht von früh bis spät. Die Wände waren aus dunkelgrauem Beton. Orangene Plastikstuhlgruppen im Aufenthaltsraum.

Ich versuchte, mich von der Atmosphäre möglichst zu distanzieren. Mir ging es ja gut. Ich war ja nur Besucherin mit einem festen Behandlungsauftrag. Auch die hässlichste Unterkunft hält man aus, wenn man weiß, dass man in wenigen Wochen wieder geht. Man ruft Freunde an, erzählt: »Wie die hier leben! Das glaubst du nicht.« Überhaupt, »die« und ich – uns trennten Welten. Auch über die Behandlung konnte ich schmunzeln. Oder versuchte es wenigstens. Täglich zwei Stunden Ergotherapie: Malen mit Buntstiften, Wachskreiden oder Stoffmalfarben. Stoffmalen stand hoch im Kurs. Nach vier Tagen hatte ich zwei bemalte Stofftaschen und fragte mich, was ich mit einer dritten (oder vierten und fünften) machen sollte. Zweimal wöchentlich eine verhaltenstherapeutische Gruppe, zu der die Hälfte der Teilnehmer nicht erschien – weswegen der Therapeut regelmäßig die andere Hälfte ausschwärmen ließ, um die Abtrünnigen einzusammeln und zu motivieren. Von der Therapiestunde selbst blieben dann noch zwanzig Minuten. Sollte es einem Patienten wider Erwarten schlecht gehen, bekam er vom Pflegepersonal den Tipp, einen der Heimtrainer zu benutzen, um mit dem Kreislauf die Stimmung in Schwung zu bringen. Die Idee an sich war gar nicht so schlecht, nur: Beide Stationsräder waren kaputt. Kein Tretwiderstand. Keine Anzeige. Nur ein Griff. Aber wir hatten eine neue Waage im Stationszimmer, die nicht nur das Gewicht erfassen konnte, sondern auch unser biologisches Alter verriet. Ich war jedenfalls zwanzig Jahre älter, als ich dachte. Das brachte die Stimmung in Schwung. Hurra.

Unter normalen Umständen hätte ich mich vermutlich weiter distanziert oder wäre ärgerlich geworden. Das Problem war die Depression. Mit dem Absetzen des Neuroleptikums bei der Aufnahme verlor sich meine Stimmung mal wieder im Bodenlosen. Wenn ich mich nun dabei beobachtete, wie ich Kindergartenmalerei betrieb oder auf einem Fahrrad ohne

Widerstand im dunklen Flur imaginäre Runden drehte, dachte ich: ›Yep, das passt zu dir. Das ist dein Niveau. Mehr kannst du nicht erwarten. Von dir. Vom Leben. Überhaupt. Wenn selbst der Stationspsychologe in der Therapie nicht mehr erwartet als Anwesenheit, dann weißt du, wo du stehst.‹ Einige Patienten waren seit Monaten hier.

In den neun Wochen dort behandelten mich acht Ärzte. Der Stationsarzt verließ eine Woche nach meiner Aufnahme die Station und es dauerte Wochen, bis eine neue, einigermaßen dauerhafte Lösung gefunden war. Bis dahin gaben sich verschiedene Ärzte die Klinke in die Hand. Irgendwann entschied ein Arzt – die Vertretung der Vertretung –, der mich vorher noch nie gesehen hatte, es mit einem weiteren Medikament zu probieren. Bisher hatten drei Alternativen nicht den gewünschten Erfolg gezeigt. Mir ging es schlecht. Ich dachte wieder ans Sterben. Da ich mein Leben ruiniert hatte, wäre das vernünftig gewesen. Offensichtlich gab es keine Hilfe. Am nächsten Tag war der Stationsarzt wieder da und ich ließ mich auf die Geschlossene verlegen.

Dort lag ich zwei Tage im Bett und lauschte meiner Zimmernachbarin, die sich mit ihren eingebildeten Stimmen unterhielt. Irgendwann am Nachmittag des dritten Tages spürte ich eine Veränderung. Ich kannte ihn ja schon, diesen Ruck, diese Verschiebung der Wirklichkeit, mit der sich die Depression verabschiedete und mein gewöhnliches Ich wieder zum Vorschein kam. Es war vorbei. Offensichtlich hatte das neue Medikament gewirkt. Erleichterung. Ausatmen. Danke an die »Vertretung der Vertretung«.

Ich ließ mich zurückverlegen, suchte im Internet nach Informationen zu dem neuen Medikament und war enttäuscht. Es war praktisch dasselbe wie vorher. Die chemische Formel war nahezu identisch. Dies erklärte die gute Wirkung, die ich ja schon zuverlässig von dem alten Neuroleptikum kannte.

Aber damit blieb auch das Nebenwirkungsprofil weitgehend gleich. Gewichtszunahme, Müdigkeit, Schwitzen. In den Studien zeigten sich sehr ähnliche Verläufe. Verdammt. Ich war doch mit einem präzisen Anliegen in die Klinik gekommen. Wenn ich meine Nebenwirkungen hätte behalten wollen, hätte ich das nicht alles noch mal durchmachen müssen. Hatte dieser Vertretungsarzt überhaupt in meine Akte geschaut? Warum entschied der das einfach so, ohne die Konsequenzen mit mir zu diskutieren? Es gab durchaus noch Medikamente, die wir noch nicht ausprobiert hatten.

Ich sprach die Oberärztin bei der Visite darauf an. Eine schöne Frau. Dünn, kurzer Rock, lange Beine in Stiefeln, Locken, selbstbewusst. Sie meinte: »Lieber dick als tot.« Damit hatte es sich erledigt. Ich war erschöpft.

Meine Stimmung blieb unter der Medikation stabil. Mein Chef rief mich auf meinem Handy an und drohte mit Entlassung. Seiner Meinung nach musste eine Depression schneller kuriert sein. Ich wusste zwar, dass das relativ leere Drohungen waren, fühlte mich aber nicht in der Lage, jetzt auch noch mit ihm zu streiten. Also blieb ich nur noch kurz in der Klinik und begann dann wieder zu arbeiten.

Ich hoffte, dass die minimalen Veränderungen der chemischen Struktur des Medikamentes vielleicht doch einen Einfluss auf die auftretenden Nebenwirkungen hätten. Aber innerhalb des nächsten halben Jahres nahm ich weitere zehn Kilogramm zu. Die Müdigkeit verstärkte sich eher noch.

Glücklicherweise schaffte ich es, die Entlassungsberichte meiner Patienten relativ schnell zu diktieren, und so blieben mir immer wieder Pausen im Arbeitsalltag, in denen ich ein kurzes Nickerchen an meinem Schreibtisch machen konnte. Mit Fortschreiten der Ausbildung fühlte ich mich zudem zunehmend kompetenter und sicherer in meiner praktischen therapeutischen Arbeit. Ich las viel und begann mich allmählich mehr und mehr mit den psychodynamischen Theorien zu identifizieren. Besonders interessierte mich natürlich alles über Depressionen. Neben Ideen und Konzepten, die ich als Betroffene als recht abwertend und stigmatisierend empfand, stieß ich immer wieder auch auf Menschen und Theorien, von denen ich mich verstanden fühlte. Manchmal überlegte ich, ob es nicht doch Sinn machen würde, sich mal mit meiner Depression zu »unterhalten«. Die Medikamente waren offensichtlich keine dauerhafte Lösung.

Hundebabyblicke in der Therapie

Sommer und Herbst 2002

Meine PiA-Stelle endete und meine Ausbildung sah vor, dass ich danach ambulant mit Patienten in einer Lehrpraxis arbeiten sollte. In regelmäßiger Absprache mit einem Supervisor würde ich sie selbständig behandeln. Aber mir war klar, dass ich in meiner Verfassung nicht als Therapeutin arbeiten konnte. Ich war viel zu sehr damit beschäftigt, meine Stimmung und mich selbst im Gleichgewicht zu halten. Zwar hatte ich meistens gute Tage, an denen ich mich kompetent und selbstsicher fühlte. Zwischendrin aber auch immer wieder schlechte, an denen ich beim Gedanken an die bevorstehende Arbeit hätte weinen können und mich am liebsten nur in meinem Bett verkrochen hätte, um niemanden zu sehen, am allerwenigsten mich selbst. Zusätzlich litt ich in der Klinik immer wieder darunter, wenn Patienten sehr ähnliche Symptome beschrieben. Dann brach die Erinnerung an die schlimmsten Zeiten der Depression durch und ich fühlte mich wieder unheimlich elend. Ich überlebte, aber mit Mühe. Die Tabletten hielten mich einigermaßen über Wasser.

Ich zog um. Nichts hielt mich mehr in der Stadt und ich wollte etwas Besseres. Etwas … Glücklicheres. Vielleicht würde ich es woanders finden. Noch bevor der Umzug gelaufen war, machte ich mich auf die Suche nach einem Therapeuten.

Der erste, zu dem ich ging, erklärte mir bereits im Erstgespräch, dass ich zum einen keine Therapie mit einem männlichen Therapeuten machen könne und zum anderen nie eine

Beziehung zu einem Mann haben würde. Er wirkte freundlich, aber bestimmt. Als ich wieder auf die Straße trat, war ich geschockt. Ich überlegte, ob ich nach etwas suchen sollte, das ich der Prophezeiung entgegensetzen konnte. Meinen Patienten hatte ich immer gesagt, ich sei Psychotherapeutin und keine Wahrsagerin, wenn sie mich fragten, was sie tun sollten. Dieser Therapeut dachte offensichtlich, er sei Gott. Aber ich fühlte mich einer solchen Auseinandersetzung nicht gewachsen. Alles, was ich in den letzten Jahren erlebt hatte, hatte mir gezeigt, dass etwas nicht stimmte mit mir. Fünf Psychiatrieaufenthalte. Medikamentöse Behandlung mit Neuroleptika. Suizidversuch. Selbstverletzung. Ich vermutete, er hatte recht, und wollte es doch nicht glauben.

Ein anderer Therapeut schlief in der zweiten Stunde ein. Als ich ihn vorsichtig und irritiert darauf ansprach, meinte er lediglich: »Hm.« Neutral. Ganz analytisch. Dann schwieg er. Am liebsten wäre ich gegangen. Doch wahrscheinlich hätte ich mich damit als Patientin vollständig disqualifiziert. »Kann nicht mit ihren Aggressionen umgehen« oder so ähnlich hieß das dann. Aber mir fiel auch beim besten Willen nicht ein, wie ich »richtig« mit meinem Ärger umgehen sollte. Ich beobachtete eine Weile den Teppich, schließlich sagte ich ihm, dass ich verwirrt und ärgerlich sei und mir wünschte, er würde jetzt irgendetwas sagen. Daraufhin sah er mich endlich an und fragte, ob ich mir von meiner Mutter mehr gewünscht hätte. Bitte?! Ich würde sicher nicht über die Probleme mit meiner Mutter sprechen, solange das hier nicht geklärt war. Er sah mich kein drittes Mal.

Ernüchtert suchte ich im Telefonbuch nach anderen Nummern von Psychotherapeuten. Doch außer den Namen hatte ich keine richtigen Anhaltspunkte. Das nächste Erstgespräch hatte ich bei Herrn Jonathan.

Er war älter, als ich von der Stimme her vermutet hatte, hatte lange Haare und mehrere Gruppen von Steinen in seinem Praxiszimmer. Wenn er mich weggeschickt hätte, hätte ich ihm sagen können, er sei selber komisch.

Ich begann unser Gespräch mit zwei Feststellungen. Oder besser gesagt mit einem Vorwurf und einer Beschwichtigung. Er habe kein Praxisschild draußen am Haus und es sei alles nicht so schlimm, wie es sich anhöre. Ich glaube, er nickte ermutigend.

Vermutlich seufzte ich, sah aus dem Fenster und erzählte ihm dann von den letzten Jahren. Ich hatte meine Geschichte nun schon recht oft erzählt. Trotzdem stockte ich irgendwann.

»Ich kann Ihnen nicht mehr erzählen … bevor ich nicht weiß, was aus uns wird … Ob ich hier eine Therapie machen kann … Es ist zu schwierig.«

Ich konnte nicht immer und immer wieder diese peinigenden und peinlichen Details aus meinem Leben ganz unverbindlich einem völlig fremden Menschen erzählen. Wenn auch er keine Therapie mit mir machen würde, dann wollte ich jetzt lieber gehen, bevor ich weiter in dem Elend stocherte. Ich sah ihn an, und er betrachtete nachdenklich seine Hände.

»Ich würde Ihnen gerne eine Langzeittherapie anbieten. Eigentlich beantrage ich immer erst eine Kurzzeittherapie, weil ich dann von der Berichtspflicht befreit bin, aber ich glaube, es wäre gut, wenn ich gleich eine Langzeittherapie beantrage.«

Das war der Moment, in dem ich ihn in mein Herz schloss. Wäre ich nicht so erschöpft und ängstlich gewesen, hätte ich wohl angefangen zu weinen.

Herr Jonathan arbeitete tiefenpsychologisch fundiert. Das hört sich etwas sperrig an, bedeutet aber im Grunde nur, dass man nicht nur mit dem oberflächlichen Verhalten oder den bewussten Gedanken der Patienten arbeitet, sondern versucht, in tiefere, unbewusste Schichten der Persönlichkeit vorzudringen. Das macht man, indem man sich die Schilderungen der Patienten anhört und gleichzeitig die Beziehung betrachtet, die sich zwischen Patient und Therapeut entwickelt. Welche Gefühle entstehen, welche Bilder drängen sich auf?

Fühle ich mich zum Beispiel meinem Therapeuten gegenüber ängstlich eingeschüchtert und traue mich nicht, ihm auch mal Kontra zu geben, könnte er sich (und mich) fragen, ob ich solche Gefühle aus meiner Lebensgeschichte kenne bzw. auch anderen Menschen in meinem jetzigen Leben entgegenbringe. Der Therapeut wird seinerseits darauf achten, wie er sich fühlt. Möchte er mich wie ein ängstliches Kind beschützen oder mich herausfordern, doch etwas mutiger zu sein, oder hat er gar den Impuls, mich niederzumachen und auszulachen? Er geht davon aus, dass sich in unserer Beziehung meine früheren Erfahrungen mit mir wichtigen Menschen widerspiegeln. Natürlich auch seine eigenen früheren Erfahrungen. Das sollte er möglichst auseinanderhalten können. Und deswegen müssen Therapeuten sich selbst gut kennen(lernen), bevor sie anfangen, therapeutisch zu arbeiten.

Frühere Erfahrungen können heutige Erfahrungen mit anderen Menschen verzerren. Dann fürchte ich vielleicht, von meinem Chef genauso kleingemacht zu werden wie einst von meinem Vater. Und statt mich erwachsen damit auseinanderzusetzen und Lösungsmöglichkeiten zu suchen, verhalte ich mich ängstlich und eingeschüchtert wie ein hilfloses, wehrloses Kind und bekomme Magenschmerzen. Das nennt man in der Tiefenpsychologie Übertragung: Man überträgt alte Gefühle auf neue Beziehungen. Aufgabe der Therapeuten ist es, diese übertragenen Gefühle bewusst zu machen, damit man sich mit ihnen auseinandersetzen kann, anstatt sich automatisch immer wieder so zu verhalten wie in der Kindheit.

Je zurückhaltender die Therapeuten sind, desto besser können sie auf solche Übertragungen achten und sie erkennen. Aus diesem Grund erzählen sie im Allgemeinen recht wenig über sich selbst. Diese Zurückhaltung führt bei den Patienten wiederum dazu, dass sie Phantasien über den Therapeuten entwickeln. Wenn man sich selbst gegenüber offen ist und es gut zulassen kann, wird man als Patient auch sehr kindliche Gefühle dem Therapeuten gegenüber beobachten können. Das kann beim Zurückverfolgen der Probleme zu ihren Wurzeln wertvoll sein. Außerdem sind durch intensives Miterleben Veränderungen viel besser möglich, als wenn man nur ganz rational darüber spricht. Einer meiner Professoren sagte immer: »Veränderungen werden im Feuer der Gefühle geschmiedet. Wenn die Temperatur zu gering ist, bleibt der Stahl hart, und wenn die Temperatur zu hoch ist, schmilzt er. Nur bei der richtigen Temperatur kann man ihn bearbeiten.«

Als ich die Therapie begann, bemerkte ich schnell auch bei mir sehr kindliche Ängste und Sehnsüchte. Der Hundebabyblick und die Angst vor Ablehnung brachen immer wieder durch. Mein Gefühl, falsch zu sein, alles falsch zu machen. Manchmal ärgerten mich diese kindlichen Gefühle. Ich schätzte Herrn Jonathan und wollte mich erwachsen zeigen. Was sollte er von mir denken? Aber es machte zugegebenermaßen auch Spaß, ein wenig ungehemmter und spielerischer zu sein und Gefühle, Phantasien und Gedanken haben zu dürfen, die auf den ersten Blick für einen Außenstehenden merkwürdig und überzogen erscheinen mögen.

In den nächsten Stunden berichtete ich Herrn Jonathan von dem fremdartigen Gefühl der Depression. Ich beschrieb ihm, wie es kam, dass ich mich von einem Moment auf den anderen nicht mehr spürte. Wie das, was ich empfand, sich änderte, obwohl ich vom Verstand her wusste, dass nichts anders war.

»Ich bin dann qualitativ anders. Ich fühle mich nicht einfach schlechter. Ich fühle mich anders. Das bin nicht ich. Verstehen Sie, was ich meine?«

»Vielleicht sind Sie das auch.«

Er verstand es offensichtlich nicht, also versuchte ich, es ihm einfacher zu erklären.

»Nein, Sie verstehen nicht. Ich bin anders. Ich fühle anders. Ich fühle mich ja auch mal schlecht. Das kenne ich. Ich weiß doch, wie es ist, wenn ich mich schlecht fühle oder melancholisch bin. Aber das ist anders. Völlig anders. Qualitativ anders. Das bin nicht ich.«

Er sah mich nicht so an, als hätte es klick! gemacht. Für einen Therapeuten war er schon ziemlich begriffsstutzig. Natürlich hatte er mich vor meiner Depression nicht gekannt. Er konnte gar nicht wissen, dass ich eigentlich ein aktiver, kämpferischer, fröhlicher Mensch war. Aber er hätte mir ja einfach mal glauben können.

»Es kommt von einem Moment auf den anderen. Als hätte man einen Schalter umgelegt. Es muss gar nichts passieren. Und plötzlich denke ich völlig anders. Einen Moment vorher kann ich noch wissen, dass ich Freunde oder eine Zukunft habe, und dann ist es weg.«

Vielleicht zog ich meine linke Augenbraue hoch. Er musste das doch verstehen. Gab er sich eigentlich genug Mühe? Konnte er mit mir nicht wenigstens darüber streiten? Diese Ruhe war entnervend. Aber er stritt nicht. Stattdessen saß er da und sah mich an. Ich sah aus dem Fenster und ließ meinen Blick ins Leere driften.

Die Stille füllte sich mit Gedanken. Sie widersprachen einander. Stachelten sich gegenseitig an, wurden immer lauter und ließen mich verwirrt zurück.

Konnte er, verdammt noch mal, nicht endlich etwas sagen? Oder tun? Ich fühlte mich erbärmlich. Mir fiel nichts weiter mehr ein, und er ließ mich hier einfach so hängen. Was erwartete er denn? Ich hatte alles gesagt, er hatte mich nicht verstanden. Wenn er dachte, dass ich alles falsch machte, sollte er mir das doch sagen. Ich würde mir schon Mühe geben. Aber vielleicht stimmte das ja gar nicht. Vielleicht dachte er gar nicht, dass ich alles falsch machte. Eigentlich wirkte er ziemlich freundlich. Warum musste ich ihm das jetzt unterstellen? Vielleicht verstand er mich ja und ich ihn nicht. Warum konnte ich nicht verstehen, was er von mir wollte?

Ich sah aus den Augenwinkeln, dass er seine Hand bewegte. Jetzt wurde er also ungeduldig. Warum war er dann so wenig hilfreich? Meine Gedanken verwirrten sich und zogen sich zusammen wie ein verheddertes Wollknäuel. Ich litt unter seiner Stille, wusste ihr aber nichts entgegenzusetzen.

Er machte einige Räuspergeräusche und ich sah ihn an. Er schien ernst, irgendwie unsicher.

»Spüren Sie mich eigentlich noch? Merken Sie, dass ich noch da bin?«

Bitte?! Natürlich wusste ich, dass er da war. Ich spürte jeden seiner Atemzüge, mit denen er mich hier allein sitzen ließ. Wie viel mehr konnte man jemanden schon spüren?

Ich nickte und sah wieder aus dem Fenster. Versuchte etwas zu sagen, um ihm deutlich zu machen, dass ich da war. Aber ich brachte kein Wort heraus.

Warum sollte ich mich hier so anstrengen? Für ihn? Warum konnte er nicht einfach bei mir sein? Ohne etwas von mir zu verlangen. Einfach nur da sein. Einfach nur bei mir bleiben. Ich seufzte, und mein Blick streifte ihn kurz auf dem Weg zum Teppich.

»Es ist schwierig.« Wieder seufzte ich, aber immerhin hatte ich etwas gesagt. Da er nicht wirklich wissen konnte, was ich meinte, versuchte ich noch ein Lächeln.

Er fragte mich, ob ich über etwas anderes sprechen wolle.

Verdammt, da strengte ich mich so an und machte offensichtlich alles nur falsch. Warum konnte er mir dann nicht sagen, wie ich es richtig machte? Falsch. Falsch. Falsch. Verdammt.

Ich versuchte, ein anderes Thema zu finden, und seufzte noch einmal. Mein Blick wanderte suchend und gleichzeitig ziellos über seine Steingruppen.

»Es ist so schwierig. Ich weiß nicht, was ich sagen soll. Es sind so viele Gedanken gleichzeitig. Alles gleichzeitig. Ganz schnell hin und her.«

»Ich würde mir für Sie wünschen, dass Sie am Ende der Therapie frei entscheiden können, worüber Sie sprechen wollen und worüber nicht.«

Er erläuterte es nicht weiter. Ich fragte nicht. Da hatte ich ihm erklären wollen, was passierte, und das war offensichtlich falsch gewesen. Ich ging aus der Stunde und war frustriert von mir. Ärgerte mich, dass ich so feststeckte, dass ich nicht wusste, wie ich's richtig machen konnte. Wahrscheinlich fand er mich völlig dämlich.

Ich wunderte mich, wie sehr diese Gefühle mich gefangen nahmen. Warum konnte ich nicht ganz vernünftig bleiben, wenn ich mit Herrn Jonathan zusammen war? Diese Verwirrung, dieses Hin- und Hergerissensein, diese Sorgen, das Nicht-reden-Können. Es irritierte mich.

Immer dachte ich stundenlang darüber nach, was Herr Jonathan meinte beziehungsweise von mir wollte. Kam ich dann in die nächste Stunde mit dem Gefühl, es nun vielleicht zu wissen, war es wieder nicht richtig. Es war immer anders. Er war immer anders. Anders, als ich dachte. Als ich erwartete. Als ich wünschte.

Ich schwankte zwischen Ärger auf ihn und Ärger auf mich. Wenn er dann fragte, ob ich mich sehr anstrenge, runzelte ich nur die Stirn. Nein, ich strenge mich nicht an, es *ist* anstrengend! Auch darüber stritt er nicht. Sah mich nur an. Verdammt. Ich sah aus dem Fenster.

An dieses erste halbe Jahr Therapie habe ich nur noch sehr verschwommene Erinnerungen. Wir sprachen über meine Familie, über Einsamkeit, über Bedürfnisse und Sehnsüchte. Das heißt, nicht ich, Herr Jonathan sprach davon, aber mir drehte sich jedes Mal der Magen um. Mir wurde übel, etwas krampfte sich innerlich zusammen, ich ekelte mich vor diesen Wörtern. Sie handelten von Hundebabyblicken. Bitte hab mich lieb. Kümmere dich um mich. Das waren Gefühle, über die ich nicht sprach. Aus Prinzip und weil es peinlich war. Ich hatte es versucht. Mit Herrn Lehmann. Das war ja ziemlich schiefgegangen. In der ersten Klinik waren Bedürfnisse auch immer wieder Thema gewesen, aber auch da hatte sich doch gezeigt, dass ich mit meinen Bedürfnissen alle nervte. Dass ich »zu viel« war. Diesen Fehler würde ich nicht noch einmal machen.

Herr Jonathan tat so, als wäre es völlig normal, davon zu sprechen, und ich hasste und liebte das gleichzeitig. Es ängstigte mich zu Tode. Ich hätte ihm gerne stundenlang zugehört, wenn er darüber sprach, aber nur heimlich. Hinter dem Sessel oder hinter der Tür lauschend. Wenn er mich dabei ansah, hätte ich vor Scham verschwinden wollen. Wenn ich etwas hätte sagen müssen, hätte ich Angst gehabt, mich übergeben zu müssen.

Warum löste dieses Thema so intensive Gefühle bei mir aus? Jeder Mensch hat Bedürfnisse, hat Sehnsüchte. Was sollte daran heikel sein? In meiner PiA-Zeit hatte ich ständig mit Patienten über dieses Thema gesprochen. In einem netten Gespräch unter Freunden oder auch völlig Fremden hätte ich vernünftig und erwachsen darüber plaudern können. Ohne

Scham. Ohne Angst. Man muss halt schauen, wie man sein Leben so einrichtet, dass die eigenen Bedürfnisse dort gut unterkommen. Das ist vielleicht immer mal wieder schwierig, aber nicht peinlich. Oder?

Nun ja, kommt vielleicht auf die Bedürfnisse und Sehnsüchte an. Gibt es nicht auch peinliche, beschämende Sehnsüchte? Phantasien, die man nicht mal der besten Freundin mitteilen würde? Nicht mal oder auch gerade nicht dem eigenen Partner? Sehnsüchte, die man vielleicht nicht mal sich selbst gegenüber zugeben würde? Doch, die gibt es. Das ist normal. Wo ist also das Problem? Wie kommt man darauf, einige Bedürfnisse angemessen zu finden, andere dagegen unendlich peinlich, unangemessen, ängstigend? Sind es Kindheit, Gesellschaft, Normen, Werte, Moral oder Erziehung, die das festlegen?

Indem Herr Jonathan immer wieder über meine Bedürfnisse und Sehnsüchte sprach, konnte ich sie weniger zur Seite drängen. Ich erkannte, dass ich schon früh »gelernt« hatte, welche Wünsche und Bedürfnisse erlaubt waren und womit ich bei meinen Eltern und meiner Umgebung gut ankam. Und mein heimlicher Wunsch, dass sich jemand um mich kümmern möge, erfüllte sich durch seine pure Anwesenheit. Das ist ja das Verlockende an einer Therapie. Wann hört einem sonst schon jemand mit so viel ungeteilter Aufmerksamkeit zu, äußert Mitgefühl und Verständnis? Eine Dozentin hatte mal gesagt, dass sich Therapeuten in der Therapie so verhalten wie frisch verliebte Männer: Sie sind aufmerksam, hören zu und geben keine ungebetenen Ratschläge. Doch in demselben Maß, wie meine Sehnsüchte immer stärker an die Oberfläche trieben, begann meine innere Stimme immer stärker zu protestieren. Ich war hin- und hergerissen zwischen Sehnsucht und Sorge.

In einer Stunde, ich erinnere mich nicht mehr, wie es dazu kam, fing ich an zu weinen. Ich fühlte mich einsam. Traurig. Verlassen. Zunächst suchte ich auf dem Teppich nach Worten, die das Gefühl hätten bannen können. Versuchte etwas zu sagen. Probierte im Stillen Satzanfänge und Laute. Schaute blicklos aus dem Fenster. Seufzte. Setzte mich anders hin. Legte eine Hand auf meinen Bauch. Und weinte.

»Ist es okay, wenn ich mich zu Ihnen setze und Sie berühre?«

Ich nickte, halb unfähig, halb unwillig, meinen Wunsch nach Trost noch weiter zu verbergen. Gleichzeitig spürte ich fast, wie sich meine Haut zusammenzog und sich jede Pore verschloss, als er die wenigen Schritte auf mich zumachte, sich auf die Kante meines Sessels setzte und eine Hand auf meinen Rücken legte.

Ich schämte mich für die Sehnsucht nach Geborgenheit und Gehaltenwerden. Die Hundebabygefühle. Das durfte Herr Jonathan doch nicht merken. Schließlich war ich groß, erwachsen, unabhängig. Dafür hatte ich mühsam gekämpft. Mich selbständig zu machen. Nicht ständig mehr zu wollen. Und jetzt konnte ich mich kaum noch zurückhalten. Konnte meinen übermäßigen Appetit kaum mehr zügeln. Als würde ich gierig am Buffet stehen und essen und essen und die Leute würden mit dem Finger auf mich zeigen: Seht mal, die Dicke, die kann den Hals auch nicht voll bekommen. Bestimmt würde Herr Jonathan sich gleich angeekelt abwenden. Was bildete ich mir eigentlich ein?

Die Stimme in meinem Inneren sagte: »Schäm dich. Du hast schon so viel bekommen. Jetzt muss es auch mal genug sein.«

Ich zitterte innerlich vor Anspannung. Hoffte, dass Herr Jonathan mir ein Zeichen geben würde, wann es genug wäre, und wünschte gleichzeitig, er würde mich nie loslassen.

Ängstlich sah ich auf die kleine Uhr, die auf dem Tisch zwischen den beiden Sesseln stand.

Herr Jonathan fragte, ob es okay sei, wenn er sich wieder setze.

Ich atmete erleichtert aus und sah auf meine Finger. Fummelte an der Decke, die über der Armlehne meines Sessels hing. Atmete ein und richtete mich mit der Luftsäule innerlich wieder auf. Wollte das Ausatmen nutzen, um all die ungesagten Worte herauszulassen. Und verschluckte mich an den Widersprüchen in mir.

Ich wollte nicht über die Scham sprechen. Er sollte nicht wissen, wie sehr ich mich nach Geborgenheit sehnte. Ich musste ihn ja nicht auch noch auf diese peinliche Gier hinweisen.

Stattdessen versuchte ich es mit Ärger. Wie konnte er mich so hereinlegen? Mir Hoffnung vorgaukeln. Wenn es ihm lästig war, mich zu ertragen, wenn ich weinte, hätte er sich ja nicht zu mir setzen müssen. Es war schließlich seine eigene Schuld. Ich hätte ausharren können. Ich hätte es weiter ertragen. Die Einsamkeit. Das Alleinsein. Er hätte mich ja nicht halten müssen. Jetzt würde die Sehnsucht nur immer größer werden. Daran war er schuld.

»Wo sind Sie jetzt?«

»Ich …«

Panik stieg in mir hoch. Was sollte ich ihm sagen? Ich konnte weder über die Sehnsucht noch über die Scham sprechen. Aber auch der Ärger schien mir kein gutes Gesprächsthema. Wenn er mich sowieso schon blöd und kindisch fand, weil ich diese Sehnsucht nach Trost gezeigt hatte, dann wollte ich ihn nicht noch weiter verärgern, indem ich mich undankbar zeigte. Außerdem wollte ich nicht, dass er dachte, er hätte etwas Falsches getan. Sonst würde er mich vielleicht nie wieder trösten. Zwar konnte ich nicht mit Bestimmtheit sagen, ob Herr

Jonathan mich wirklich blöd, kindisch, undankbar oder gierig fand. Irgendwie hatte er nie so gewirkt. Doch die Stimme in mir war ziemlich überzeugend. Und wer weiß? Vielleicht hatte er mir nur etwas vorgespielt. Oder es war ihm jetzt erst aufgegangen, dass er zwar bisher dachte, solche Bedürfnisse seien in Ordnung, dass er aber angesichts meiner Gier seine Meinung doch ändern musste. Fieberhaft suchte ich nach möglichst ungefährlichen Worten und versank in Angst, alles zu zerstören.

»Es … ich kann jetzt nicht reden. Ich habe nur noch Angst.«

Bittend sah ich ihn an und hoffte, dass er verstand. Nicht er machte mir Angst, ich selbst machte mir Angst.

»Vielleicht ist es gut für Sie, innerlich einen Schritt zurückzutreten. Es macht einen Unterschied, ob Sie sagen, ich bin ganz ausgefüllt von Angst, oder ob Sie sagen, ich habe da eine Angst.«

Ich sah ihn an und kämpfte mit der Kränkung über die offensichtliche Unterstellung, ich könnte mit meinen Gefühlen nicht gut umgehen. Das hörte ich nicht gerne, weil das unterstrich, was ich sowieso schon befürchtete: Ich war falsch. Außerdem fühlte ich mich ein wenig zurückgewiesen, weil ich argwöhnte, er wolle nun nicht auch noch mit meiner Angst belästigt werden.

Die Stimme in mir meinte höhnisch: »Da siehst du´s! Was hab ich dir gesagt? Jetzt weißt du´s ja!«

Schließlich siegte mein Wunsch, jetzt nicht auch noch schwierig zu erscheinen.

Er wiederholte: »Nicht: Ich *bin* ängstlich, sondern: Ich *habe* eine Angst. Dann kann ich sehen, dass ich auch noch einiges anderes habe. Ich bin nicht völlig die Angst.«

Ich nickte, damit er merkte, dass ich ihn verstand. Atmete, um das zu unterstreichen, noch einige Male tief durch und schickte meine Angst in ihr Kämmerchen. Ich konnte sehr wohl mit meinen Gefühlen umgehen. Grrr.

»Vielleicht können Sie ja darüber schreiben, wenn Sie nicht darüber sprechen können. Dann ist es erst einmal auf Papier.«

Ich nickte, lächelte und verabschiedete mich.

Diesen Rat beherzigte ich in den folgenden zwei Jahren immer mal wieder, wenn meine Gefühle zu groß waren, um damit bis zur nächsten Therapiestunde zu warten. Wenn sie meinen ganzen Kopf ausfüllten und ich ständig dabei war, in Gedanken Sätze zu formulieren. Ich schrieb Herrn Jonathan Briefe. Nur einen davon habe ich ihm gezeigt, alle anderen sind zwar an ihn adressiert, waren aber nie für ihn bestimmt. Vielleicht für den anderen Herrn Jonathan. Den in mir. Den, vor dem ich mich ganz ungehemmt zeigen konnte, ohne Rücksicht auf Ehrlichkeit, Schick und Realitätsbezug. Den, der völlig mit mir übereinstimmte, keine eigenen Interessen, Vorlieben, Abneigungen, Wünsche und Meinungen hatte. Für den alles, was ich dachte und fühlte, fabelhaft war. Ich schrieb, ohne zu korrigieren, und mit dem letzten Wort klappte ich den Laptop zu.

Ich habe lange überlegt, ob und in welcher Form ich die Briefe hier mit aufnehme, und mich schließlich entschlossen, sie gekürzt, aber ansonsten unverändert einzufügen, auch wenn mich ihre Rohheit beim Wiederdurchlesen an vielen Stellen peinigt. Sie stellen Momentaufnahmen dar. Gefühle und Gedanken, die manchmal schon kurz nach dem Niederschreiben wieder verschwunden waren. Wie auf Schnappschüssen sieht man in ihnen nicht unbedingt die bedeutendsten Momente oder die gelungenste Bildkomposition. Manche Bilder sind auch verwischt oder nur undeutlich zu erkennen. Und doch hängt mein Herz an ihnen. In ihnen. In dieser Lebendigkeit.

Ich füge die Briefe in chronologischer Reihenfolge entsprechend den Erinnerungen aus dem Therapieverlauf ein. Den folgenden schrieb ich am Tag nach der oben geschilderten Therapiestunde.

10.06.2002

Hallo,

tja, was soll ich schreiben. Vielleicht fange ich damit an, woher diese starke Angst letzte Woche kam. Auch jetzt, wenn ich darüber nachdenke, spüre ich sie wieder. Diese Lähmung, diese Furcht, die meinen Körper mit Schauern überzieht, als stünde ich vor einem großen Abgrund. (...) Ich spüre Sie deutlich, als stünden Sie schon da mit erhobener Hand, mich zu schlagen. »Hör auf zu weinen!! Hör auf zu weinen!!« Aber das ist wohl nur meine eigene Wut auf meine Traurigkeit. Sie macht mich hilflos. Und hilflos zu sein ist für mich ein schreckliches Gefühl. Dann kommt die Einsamkeit. »Stell dich nicht so an!« »Tu doch was dagegen!« Ich kann nicht. Mehr. Vielleicht will ich auch nur nicht mehr. Aber ich kann auch einfach nicht mehr.

(...) Urlaub haben Sie auch. Das soll kein Vorwurf sein (na ja), aber es macht mir Angst.

Es tut mir gut, dass Sie da sind. Aber Sie dürfen nicht näher kommen. Lösen Sie in mir keine Sehnsüchte aus, die nicht zu stillen sind. Das ist Verrat.

Wie soll es jetzt weitergehen? Ich fürchte mich davor, Ihre Erwartungen nicht erfüllen zu können. Ich weiß nicht weiter. Sie haben mich gehalten. Danke. Ich möchte es, aber ich ertrage es nicht. Ich schäme mich so. Wie soll ich Ihnen gegenübertreten? Ich schäme mich, so auf jemanden angewiesen zu sein.

Herr Jonathan ging also in Urlaub. Zelten. Dafür schnitt er sich die Haare kurz. Und ich setzte die Medikamente ab. Alle. In der Klinik hatten sie damals ja auch nicht lange damit gefackelt.

Ich war unabhängig und brauchte nichts und niemanden

oder besser niemanden und nichts. Wenn Herr Jonathan meinte, ich könne ohne ihn auskommen, konnte ich auch ohne Medikamente auskommen. Logisch. Das war ein wohltuender Gegenpol zu diesem peinlichen Weinkrampf. Diese Heulsusenattacke war ein einmaliger Ausrutscher gewesen. Ich brauchte Medikamente ebenso wenig wie seine tröstende Hand. Oder Ideen zum Umgang mit Gefühlen. Da hatte ich selbst genug.

So dachte ich das damals natürlich nicht. Aber gut möglich, dass das unbewusste Gründe für meine Entscheidung waren.

Bewusst waren mir andere Gründe. Ich wog durch die kontinuierliche Gewichtszunahme inzwischen über hundert Kilo, und die Ärzte, zu denen ich deswegen ging, hatten mir gesagt, ich bräuchte mir keine Hoffnungen zu machen, dass sich daran etwas ändert, solange ich die Medikamente nahm. Jetzt sollte etwas Neues beginnen. Ich war umgezogen, machte Therapie. Der nächste logische Schritt schien nun im Absetzen der Medikamente zu bestehen. Ich hatte ja kurzerhand mit Beginn der Therapie praktisch implizit mein Störungsmodell ausgetauscht. Nicht das Gehirn, sondern doch wieder meine Psyche war das Problem. Ich hoffte nur, dass das nicht wieder automatisch hieß, dass ich völlig falsch war.

Natürlich sprach ich mit keinem Arzt über das Absetzen der Medikamente. Auch nicht mit Herrn Jonathan. Er war schließlich im Urlaub. Wenn die Therapeuten auch immer und ewig in Urlaub gingen … Konnte ich ja nichts dafür.

In den ersten vier Wochen nach dem Absetzen der Medikamente nahm ich fünf Kilo ab. Endlich! Gleichzeitig stellte sich ein ungeheurer Juckreiz am ganzen Körper ein, der erst nach einigen Monaten langsam zurückging. Cremes, Tabletten, nichts half. Besonders nachts oder bei Wärme juckte die Haut überall am Körper. Meine Stimmung blieb aber zunächst stabil.

Vor seinem Urlaub hatte Herr Jonathan mir noch zu einer psychosomatischen Reha geraten. Ich hatte ihn nachdenklich angesehen. Vermutlich die Stirn gerunzelt. Erst einmal nichts dazu gesagt.

Warum sollte ich zur Reha? Meine bisherigen Klinikaufenthalte waren ziemlich schlimm gewesen. Und Reha? Ein bisschen joggen und Entspannungstraining. Wie sollte mir das helfen?

»Damit wir tiefer einsteigen können«, hatte er gesagt.

Tiefer. Hm. Ich kam also nicht tief genug. Hm. Ich fand mich schon ziemlich tief.

Nun ja, ich war gekränkt. Bemühte mich, es nicht zu sein. Und es schon gar nicht zu zeigen. Sagte also weiter lieber nichts dazu. Stattdessen grollte ich. So eine Diskussion kann man ja nur verlieren. Wer ist wie tief? Außerdem hätte sich Herr Jonathan vermutlich auf keine Diskussion eingelassen.

Ein Teil von mir war nahezu ständig gekränkt oder frustriert. Herr Jonathan war so anders als ich. Er war dauernd anderer Meinung, wusste nur teilweise, was ich eigentlich sagen wollte, und wies zu allem Unglück auch noch ständig darauf hin.

Dann sagte er zum Beispiel: »Ich kenne Sie ja noch nicht so gut, da weiß ich nicht …« Das sagte er auch noch nach einem Jahr. Oder: »Ich könnte da jetzt auch mit Ihnen in diesen Gefühlen versinken, aber das scheint mir nicht hilfreich …«

Blabla. Wollte ich gar nicht wissen. Er sollte nicht anders sein. Er sollte genau so fühlen, denken und wollen wie ich. Noch so eine meiner Sehnsüchte – die ich natürlich nie zugegeben hätte. Ich wusste, dass er das wusste und es gerade deswegen sagte. Auch das ziemlich kränkend. Anscheinend fand er es nötig, die Unterschiede zwischen uns zu betonen, gerade weil ich keine Unterschiede wollte. Blödmann. Ich wollte Herrn Jonathan nicht getrennt von mir. Er sollte mich völlig verstehen. Für mich sorgen. Sich um mich kümmern, so wie ich das wollte. Wie eine Mutter sich um ihr Baby kümmert.

Richtig schmerzhaft wurde es, wenn er beiläufig erwähnte, dass auch in der Therapie nicht alle kindlichen Bedürfnisse erfüllt werden könnten. Und dass er wusste, wie sehr das schmerzte, machte die Sache nicht besser.

Warum regte mich das so auf? Ich behauptete doch selbst immer, dass ich keine Bedürfnisse und Sehnsüchte hatte, oder aber dass ich sie zumindest selbst für falsch und unangemessen hielt. Die Hundebabyblicke. Autsch. Wunder Punkt. Aber ich sehnte mich ja trotzdem und hoffte irgendwo doch, dass diese Bedürfnisse ihren Platz finden würden. Ohne diese Hoffnung hätte ich vermutlich nie eine Therapie gemacht. Herr Jonathan sollte dafür kämpfen. Er sollte mich überzeugen. Mir meine Angst nehmen. Und jetzt sagte er so etwas. Enttäuschend. Einerseits machte er mich ständig darauf aufmerksam, was alles nicht möglich wäre, und andererseits wollte er immer wieder über diese Wünsche mit mir sprechen. Das war doch Betrug.

So fragte er mich, ob ich mir wünschte, jeden Tag zu kommen, oder machte andauernd Anspielungen auf Hunger, Sattsein, Bedürftigkeit und Sehnsucht. Ich ignorierte solche Fragen und Anspielungen so weit wie möglich. Äußerlich jedenfalls. Innerlich war ich hin- und hergerissen zwischen Begeisterung und Ärger. Wie konnte er nur von mir erwarten, über solche Wünsche zu sprechen, wo doch klar war, dass sie nicht erfüllbar sind. Wie demütigend wäre das denn? Eher würde ich sterben. Gleichzeitig war es genau das, was ich wollte. Doch das durfte er nicht wissen. Also saß ich wohl häufig einfach mit möglichst blanken Augen da. Sah ihn an, als hätte das alles nichts mit mir zu tun. Über wen reden Sie da bitte, Herr Jonathan? Doch wohl nicht über mich. Über solche Unterstellungen kann ich nur lachen, ha.

Obwohl ich diese Gefühle also in den Stunden herunterzuspielen oder zu leugnen versuchte, beschäftigten sie mich zwischendurch immer mehr. Herr Jonathan behauptete, meine Bedürfnisse seien völlig in Ordnung. Ich liebte ihn dafür und dachte gleichzeitig, er mache es sich zu leicht. Das konnte so ja kaum stimmen. Einige Bedürfnisse waren vielleicht in Ordnung, aber andere …?

Einmal wollte ich über irgendetwas sprechen, was mich in der Woche bewegt hatte. Herr Jonathan unterbrach mich und meinte, das sei jetzt vielleicht nicht so wichtig. Bitte?! Was war denn hier mit meinen Wünschen? Ich schwieg.

Ob ich ärgerlich sei?

Nun ja, möglicherweise, eventuell, vielleicht ein bisschen.

Gut, dass ich das sagen könne. Es sei wichtig, über Ärger sprechen zu können.

Und nun?

Er sah mich freundlich an und wartete, bis ich weiterwusste.

Oft verstrickte ich mich auch in meinen Gedanken zwischen Frustration, Ärger und Sehnsucht. Konnte mich nicht entscheiden, etwas zu sagen. Dann blieb ich stumm. Mein Blick wanderte zum Fenster. Und vom Fenster zum Teppich. Schließlich über die Steingruppe zum Mobile. Ich versuchte, Worte zu finden, die richtig wären. Brachte aber keins heraus. Ärgerte mich. Wünschte mir, nichts sagen zu müssen. Spürte den Blick meines Therapeuten. Er wollte, dass ich irgendwie wieder in Kontakt kam. Das wusste ich und empfand es gleichzeitig als Zumutung. Ärgerte mich auch darüber. Konnte er nicht einfach bei mir sein? Nein, er fand, dass ich das schlecht machte. Das sagte er so natürlich nicht. Er meinte, er habe das Gefühl, ich verlöre den Kontakt zu ihm, flöge aus dem Fenster davon. Als sei ich nicht mehr ganz anwesend. Dann schlug er mir vor, ihn doch mitzunehmen auf den Flug.

Einmal schenkte er mir eine Feder und meinte, er wünsche mir, dass ich es mir leichter machen könnte. Aber es war nicht so leicht.

Wie konnten meine Bedürfnisse richtig sein und ich trotzdem alles falsch machen? Ich wollte über ein Thema reden, er wollte es nicht. Ich wollte in ein Gefühl eintauchen, er wollte es nicht. Ich wollte ihn, wenn ich mich einsam fühlte, neben mir sitzen haben, er wollte es nicht. Er sah keinen Widerspruch, aber ich wusste nicht, wie das alles stimmen konnte.

Ich wünschte mir so sehr, dass er irgendwie recht hatte, auch wenn ich es nicht verstand. Es war schwierig zu glauben, dass meine Bedürfnisse in Ordnung waren, und gleichzeitig zu erleben, dass nicht alle befriedigt wurden.

Mit diesen Schwierigkeiten beschäftigte ich mich fast das gesamte erste halbe Jahr der Therapie.

Ich erinnere mich an eine Stunde, in der bei mir der Wunsch entstand, Herr Jonathan möge mich zudecken. Verrückt. Peinlich. Beschämend. Ich weiß nicht mehr, wie ich darauf kam, und mein erster Impuls war, ihn beiseitezuschieben. Gleichzeitig konnte ich den Gedanken, nachdem er einmal aufgetaucht war, nicht mehr wegdrängen. Die Sehnsucht war da.

Ich ging nach Hause und überlegte, was ich machen wollte. Einerseits wusste ich, dass ich den Wunsch nicht äußern könnte, wenn die Sehnsucht zu groß war. Dann wäre die Enttäuschung, wenn er nicht erfüllt wird, zu schmerzhaft. Oder aber die Demütigung. Andererseits wollte ich aber auch zu mir stehen. Nur: wie peinlich! So einen Wunsch zu haben! Ich wollte nicht darüber nachdenken, was das bedeutete. Nachdem ich eine Woche lang gegrübelt hatte, wusste ich, ich würde nicht *nicht* darüber sprechen können. Ich musste herausfinden, was Herr Jonathan denn nun mit so einem Wunsch machte.

Ich kam in die Therapiestunde, ohne vorher überlegt zu haben, was ich sagen wollte. Die Idee war wohl, mich möglichst blind einfach hineinzustürzen, wie bei einem Sprung vom Fünf-Meter-Turm ins Wasser. Nur nicht nachdenken und nach unten sehen. Einfach springen.

Der Effekt war, dass ich nichts sagte. Ungefähr eine halbe Stunde lang. Zitternd stand ich auf meinem Turm und konnte nicht vor und nicht zurück. Ich wusste nicht, wie ich meinen Wunsch möglichst gesichtswahrend erklären konnte. Wie ich ihn möglichst annehmbar machen konnte. Wie ich gleichzeitig Herrn Jonathan deutlich machen konnte, dass er mir sehr wichtig war, aber dass es okay wäre, wenn er Nein sagte. Ich wollte ihn ja schließlich nicht unter Druck setzen.

Herr Jonathan versuchte, hilfreich zu sein. Machte Vorschläge, was ich vielleicht sagen wollte. Meinte, ich müsse mich nicht zwingen, über irgendetwas zu sprechen.

Irgendwann konnte ich zumindest erklären, dass ich einen Wunsch an ihn hätte. Wieder kam ich nicht weiter. Ich hatte nicht gedacht, dass es so schwierig werden würde. Dadurch, dass ich jetzt schon so lange herumgedruckst hatte, wäre es sicherlich unglaubwürdig gewesen, hätte ich Herrn Jonathan gesagt, es würde mir nicht so viel ausmachen, wenn er meinen Wunsch ablehnte. Jetzt würde er sich unweigerlich unter Druck gesetzt fühlen, einfach weil ich so ein Theater gemacht hatte.

Das Befriedigen derartiger Wünsche ist in Therapien nicht vorgesehen. Das Gebot stammt schon von Sigmund Freud: »Die Kur ist in der Abstinenz zu führen.« Ich wusste das und versuchte, zumindest diesen Gedanken auszusprechen, um die Stille zu brechen und so alles weniger bedeutungsschwer klingen zu lassen. Klappte aber nicht. Ich schwieg weiterhin.

Herr Jonathan schlug mir vor, doch einfach nur meinen Wunsch zu äußern und alles Weitere zu vertagen. Also erst einmal darüber zu sprechen. Vernünftig, aber das war nicht, was ich wollte. Ich wollte, dass er mich zudeckte, verdammt. Wie konnte ich uns beide in so eine blöde Lage bringen?

Schließlich sagte ich es: »Ich würde mir wünschen, dass Sie mich zudecken.«

Ich sah ihn an. Er sollte nicht denken, dass ich Angst hatte. Ich war doch keine Memme. War ich aber doch, also sah ich schnell wieder auf meine Finger.

Er tat es.

Und hockte sich neben mich.

Ich machte einige vorsichtige Atemzüge. Probehalber.

Merkwürdigerweise sagte ich: »Es ist gar nicht so schlimm, wie ich gedacht hatte.« Hatte ich wirklich gedacht, es würde schlimm sein? Weiß ich nicht. Aber jetzt war ich erleichtert.

Wie kommt man nach so einer Stunde in der nächsten Woche wieder? Wahrscheinlich machte ich es wie so oft: Ich schwieg, sah aus dem Fenster, sah auf den Teppich, seufzte, sah auf meine Finger, seufzte wieder, plauderte vielleicht übers Wetter und versuchte herauszufinden, ob Herr Jonathan noch genauso freundlich war, wie ich ihn in Erinnerung hatte. Und dann war es nicht mehr schlimm.

Irgendwie »verlor« ich Herrn Jonathan aber immer zwischen den Stunden. Als ich einmal ein Baby auf dem Arm hielt, konnte ich es noch Tage später spüren. Sogar wenn ich mich jetzt daran erinnere, fühle ich noch immer das zarte Gewicht an meiner rechten Schulter, die schnellen, kurzen Atemzüge und die sanfte Wärme. Mit Herrn Jonathan war es damals nie so. Sobald ich gegangen war, konnte ich seinen »Abdruck« kaum noch wahrnehmen. Weg war er.

In den ersten Tagen nach der Therapiestunde fühlte ich mich oft von meinen Gefühlen überflutet. Fragte mich, wie ich die Zeit bis zur nächsten Woche bewältigen sollte. Der

Gedanke, ach, darüber sprechen wir beim nächsten Mal, wenn es dann noch wichtig ist, kam mir gar nicht. Meine Sorge war eher, ich könnte bis zum nächsten Mal vergessen haben, worüber ich noch hatte sprechen wollen. Als wäre der ungesagt gebliebene Gedanke das Verbindungsstück zwischen dem »alten« Herrn Jonathan aus der vergangenen Stunde und dem »neuen« Herrn Jonathan der nächsten Stunde. Ein Verbindungsstück, das ich nicht verlieren durfte. Wenn ich dann in der nächsten Stunde mit diesem Gedanken an die vorhergehende anknüpfen wollte, fragte mich Herr Jonathan manchmal, ob das denn heute noch wichtig sei. Bitte?! Wie sollte es nicht? Ich hatte die ganze Woche nichts anderes gedacht. Es war meine Rettungsleine gewesen, an der ich mich bis zur nächsten Stunde hatte festhalten können. Natürlich war es wichtig.

So fühlte ich mich ständig unsicher. Wiederholte in Gedanken immer wieder das, was wir beide in der Therapiestunde gesagt hatten. Fürchtete, dass ich mich falsch erinnerte. Zu Beginn jeder Stunde schwieg ich erst einmal lange. Vielleicht weil ich Zeit brauchte, um mich zu vergewissern, dass der »neue« Herr Jonathan noch der »alte« war.

Wie konnte es sein, dass ich die Menschen in meiner Umgebung immer wieder »verlor«? Vor meiner Krankheit wäre das in der Form nie passiert. Allerdings registrierte ich auch früher schon, dass ich mich im Kontakt mit Kolleginnen, Freunden, Familie nie lange entspannen konnte. Immer blieben Fragen offen. Wie hatte wer jetzt was gemeint? Wie hatte wer mich jetzt verstanden? Was dachte wer von mir? In Anwesenheit der anderen fühlte ich mich zwar in Ordnung, fühlte mich angenommen, gemocht. Doch dieses Gefühl schwand, sobald wir uns getrennt hatten. War wirklich alles in Ordnung gewesen?

In den schlimmsten Phasen meiner Depression hatte ich mir deswegen einmal ein Fotoalbum mit Bildern meiner Freunde und Familie zusammengestellt und sie gebeten, mir Briefe zu schreiben, die ich, quasi als Beweise für ihre Zuneigung, danebenklebte.

»Ich muss mich doch mal sicher fühlen. Sicher in mir. Ich wünsche mir einfach, dass ich tief durchatmen kann. Ohne Angst.« Es war wie an einem Strand. Jede neue Welle überspülte die Fußstapfen der Menschen, die dort entlanggelaufen waren, und verwischte mit ihnen auch die Erinnerung an diese Menschen. Zurück blieb ein leerer Strand ohne Lebenszeichen.

Herr Jonathan sah mich an und sagte nichts.

Wenn in der Psychotherapie von Bindungsproblemen die Rede ist, versteht man darunter das Phänomen, dass manche Menschen nicht gelernt haben, wie sie überdauernde »innere Bilder« von anderen errichten können. Als würde ihnen das innere Fotoalbum samt Beschriftungen immer wieder abhanden kommen, so dass sie sich dann ständig fragen müssen: Wer war das noch gleich? Natürlich nicht in dem Sinn, dass sie diese Menschen wirklich vergessen würden, aber das Gefühl für die Beziehung geht verloren. Daher ist es so (überlebens-)wichtig für sie, dass die wichtigen Menschen immer da sind. Denn: aus den Augen, aus dem Sinn. Und schon ist man allein. Und einsam.

Menschen wiederzutreffen war für mich daher oft mit großer Unsicherheit verbunden. Ich konnte mich auf mein Gefühl nicht verlassen. Hatte ich mich richtig erinnert und war Herr Jonathan tatsächlich recht freundlich? In der Zwischenzeit war alles so blass geworden. Und jede Trennung war schwierig, weil es für mich nicht einfach »bis später« hieß, sondern »leb wohl«.

Im September besuchte ich am Lehrinstitut ein Seminar über Depressionen. Der Dozent zeigte uns Ausschnitte aus dem Film ›Herbstsonate‹ von Ingmar Bergman, in dem es um das Wiedersehen einer erwachsenen Tochter und ihrer Mutter geht. Die depressive Tochter ist voller Wut auf die Mutter, gibt ihr die Schuld an ihrer Unfähigkeit zu lieben und umsorgt sie gleichzeitig mit quälender Liebenswürdigkeit und Selbstaufopferung. Der Ehemann der Tochter zitiert eines ihrer Gedichte: »Wenn ich nur einmal spüren könnte, dass jemand mich wirklich liebt, wäre ich geheilt«, dann spricht er in die Kamera: »Ich weiß nicht, wie ich es ihr sagen könnte, so sagen, dass sie es mir glaubt.«

Ich kaufte mir am nächsten Tag die DVD, sah sie aber nicht an. Die Wucht der Einsamkeit fühlte sich für mich erschreckend bekannt an. Es war, als hätte dieser Mann im Film von mir gesprochen. Von meiner Sehnsucht nach Fußabdrücken, die tief genug gingen, dass sie blieben, auch wenn die Wellen kamen, so dass ich ihnen glauben, mich auf sie verlassen konnte. Ich sehnte mich danach, endlich tief im Innern glauben zu können, dass ich liebenswert war. Dass Menschen bei mir blieben. Denn wenn ich allein war, hieß das nicht nur Einsamkeit, sondern auch, dass ich nicht liebenswert war. Falsch war. Anders sein müsste. Mich mehr anstrengen müsste. Woher kamen diese Gefühle?

Am Samstag danach nahm ich an einer Selbsterfahrungsgruppe teil. Wir sollten dabei zu einem vorgegebenen Bild phantasieren. Unsere Phantasien würden uns dann einiges über unsere unbewussten Schwierigkeiten sagen können. Das Motiv, mit dem wir an dem Tag arbeiteten, war »die Wiese«. Wir bildeten Dreiergruppen, und als ich an der Reihe war, legte ich mich auf eine Matratze. Meine Kollegin sagte, ich solle mich entspannen, und fuhr fort:

»Wenn du möchtest, siehst du jetzt vor deinem geistigen

Auge eine Wiese. Du stehst am Rand und schaust dir die Wiese an. Und wenn du bereit bist, kannst du dann erzählen, was du alles siehst.«

Meine Wiese war grün, üppig. Ich sah einen Baum mit freundlichen Comicaugen, in denen ich Herrn Jonathan erkannte. Ich lachte, als ich meiner Kollegin davon erzählte. Mitten auf der Wiese lag eine Decke. Rot-weiß kariert. In meiner Phantasie legte ich mich auf sie, fühlte mich wohlig und getragen. Die Sonne wärmte mich. Durch die Decke hindurch konnte ich die feinen Piekser der Grashalme spüren. Ich breitete meine Arme aus und seufzte tief.

Doch dann veränderte sich die Wiese plötzlich. Sie verdorrte, drohte abzusterben. Von einer Ecke aus verwelkte das Gras. Es wurde braun, schlaff, leblos. Das tote, struppige Gras nahm immer größeren Raum ein. Ich spürte Angst, Verzweiflung. Mit äußerster Anstrengung konnte ich erreichen, dass die Wiese wieder in ihren grünen, satten Zustand »kippte«, aber es war mühsam, und ständig drohte mir das Bild zu entgleiten. Doch auf keinen Fall wollte ich zulassen, dass meine Wiese starb.

Meine Kollegin beendete das Phantasieren. Ich war dankbar, denn ich hatte Angst vor dem, was passiert wäre, wenn die Wiese endgültig verdorrt wäre. Dann malten wir meinen Tagtraum. Ich fühlte mich zittrig.

Spontan dachte ich an meine Mutter. Da war er wieder, der innere Streit, den ich schon aus der Klinik in D. kannte. Einerseits üppig und grün. Wenn ich mich an meine Kindheit erinnerte, sah ich meine Mutter singend in der Küche. Lebhafte Gespräche, Gedankenaustausch, Nähe. Andererseits verdorrt, karg, tot. Das war mein Gefühl, zu wenig bekommen zu haben. Nicht satt geworden zu sein. Doch wie war das möglich? Gleichzeitig üppig und karg? In meiner Jugend war meine Mutter die meiste Zeit meine engste Vertraute gewesen. Wie konnte das nicht reichen? Es war doch deutlich, dass ich zu viel brauchte. Viel mehr als alle anderen. Die Stimme in mir nickte bestätigend: »Ja, so ist es. Du brauchst zu viel. Da hast du es. Deine Bedürfnisse sind zu viel. Sogar eine üppige grüne Wiese ist dir zu wenig.« Ich war ein Nimmersatt.

Herr Jonathan verschob die Therapiestunde am nächsten Dienstag, und bis zum neuen Termin am Donnerstag war die Depression wieder da.

Zunächst nur leicht. Ich fühlte mich anders. Blind, taub, stumpf. Ging noch zum Chor, fühlte aber nichts mehr. Wusste, dass das nichts brachte. Wusste, dass ich es trotzdem tun sollte. Mir war weh ums Herz.

Herr Jonathan sprach wieder von Reha. Ich entschied mich dafür. Was sollte ich sonst machen? Wahrscheinlich hatte er recht gehabt. Ich kam nicht tief genug. Ich konnte mich einfach nicht besser fühlen. Ich war dem Leben nicht gewachsen.

In den nächsten Tagen wurde alles wie früher. Ich legte mich ins Bett. Sah an die Decke. Hoffte auf Schlaf. Sonst keine Hoffnung. Überall Schmerzen. Quälende Einsamkeit. Inzwischen wohnte ich im achten Stock. Abends sah ich zur Balkontür und überlegte, wie es wäre, auf der breiten Betonbrüstung zu stehen. Dann wäre nur ein kleiner Schritt nötig. Aber ich verfolgte diesen Gedanken nicht weiter. Schließlich war da noch mein Versprechen an mich selbst.

Ich machte einen Termin mit meiner Psychiaterin aus wegen des Rehaantrages. Sie hielt weder eine Reha noch eine Therapie für sinnvoll. Zu destabilisierend. Sah man ja jetzt. Kaum kamen wir auf meine Mutter und die Frage nach der Bedürftigkeit zu sprechen, schon fiel ich in die nächste Depression. Stattdessen meinte sie, ich solle wieder Medikamente nehmen. Schlug mir Lithium zur Stimmungsstabilisierung vor. Beantragte aber trotzdem die Unterlagen für die Rentenversicherung.

Es ist oft so in Therapien, dass sich die Symptomatik zunächst verstärkt, wenn konfliktreiche Themen angesprochen werden, weil die Patienten sie noch nicht anders bewältigen können. Rückblickend kann man also eher sagen: Dass ich jetzt wieder depressiv wurde, bedeutete durchaus nicht, dass wir auf dem falschen Weg waren, sondern dass wir den wunden Punkt getroffen hatten. Ist das Thema dann erst mal auf dem Tisch, kann es bearbeitet werden.

In die nächste Therapiestunde brachte ich mein Fotoalbum aus der Zeit vor der Depression mit. Ich wollte Herrn Jonathan zeigen, was ich verloren hatte. Die Freunde, die Figur, die Lebensfreude, die Zukunft. Mein Ich. Alles verloren. Ich hatte es ruiniert. Und weinte darüber bitterlich.

Er fragte mich, ob ich zwei Mal die Woche kommen wolle. Ich konnte nicht annehmen. Die Sehnsucht war zu groß. Wo würde das denn enden? Natürlich hätte ich ihn gern zwei Mal die Woche gesehen. Eher häufiger. Wenn ich aber diesem Wunsch jetzt nachgeben würde, wäre das wie ein Stückchen Schokolade zu essen und zu hoffen, ich würde den Rest der Tafel liegen lassen können. Bitte? Das glaubte ich doch selbst nicht. Ich war ein Nimmersatt. Also sagte ich höflich »nein, danke« zum Stückchen Schokolade und zu Herrn Jonathan. Er fragte mich, ob er sicher sein könne, mich in der nächsten Stunde wieder zu sehen. Ich zögerte. Schließlich nickte ich und ging und verfluchte meinen ewigen, nimmersatten Hunger.

Dann rief ich meine Mutter an, die sofort kam. Ich rief sie nicht aus Sehnsucht an, sondern weil ich krank war. Das war doch ein Unterschied. Das hatte nichts mit Hunger oder mit Schokoladenstückchen zu tun. Das war Medizin. Notwendig. Sie arbeitete, während ich schlief oder an die Decke sah.

Manchmal nervte sie mich mit irgendwelchen gut gemeinten Ideen für Aktivitäten. Einkaufen gehen. Oder mich zumindest anziehen. Warum konnte sie nicht verstehen, dass jede Bewegung schlimmer war, als einfach nur still dazuliegen, weil ich dann meine innere Regungslosigkeit umso deutlicher spürte und daran litt? Ich tat ihr trotzdem den Gefallen, weil ich ihre Angst bemerkte. Außerdem war sie extra wegen mir, wegen ihrer nimmersatten Tochter gekommen. Da war ein wenig Kooperation und Dankbarkeit schon angezeigt. Ich konnte mich auf sie verlassen und sie konnte sich auf mich verlassen. Wir gaben uns Mühe. Füreinander. Meine Mutter war keine selbstverliebte, gedankenlose Frau wie die Mutter in Bergmans Film. Sie sorgte sich. Sie kümmerte sich. Sie war die grüne Wiese. Ich hatte keinen Grund, mich verlassen zu fühlen oder wütend zu sein. Meine Mutter war nicht der Grund für diese schrecklichen Gefühle.

Und dann war es irgendwann vorbei. Die Depression verschwand innerhalb einer Stunde. Wir lachten im Einkaufszentrum. Ich wurde wieder ich. Dachte nicht mehr an Tod. Spürte keine Schmerzen, keine Qual. Fühlte meine Kraft. Einfach so. Wie immer.

Ich verabschiedete mich von meiner Mutter und machte mich daran, wieder einmal mein Leben zu ordnen. Abzuwaschen, aufzuräumen, zu lüften, mich für versäumte Seminare zu entschuldigen, liegengebliebene Briefe zu beantworten, den Rehaantrag abzuschicken.

Ein wenig unbehaglich stimmte es mich, dass ich so auf meine Mutter angewiesen war. Aber ich war glücklich, aus dieser Depression ohne Medikamente herausgefunden zu haben. Das musste doch bedeuten, dass die Therapie trotz dieses Rückschlags wirkte. Immerhin war ich auch schon monatelang völlig depressionsfrei gewesen. Vielleicht nur ein Ausrutscher? Ich war geneigt, ihn zu ignorieren.

Ich kam in die nächste Therapiestunde und wollte Herrn Jonathan endlich alles erklären. Warum ich es so schwer mit der Sehnsucht hatte. Warum ich sein Angebot der zusätzlichen Therapiestunde nicht annehmen konnte. Dass ich alles ablehnte, weil ich in Wirklichkeit alles wollte. Ich wusste doch, was man von den Depressiven sagt: Sie sind abhängig und fordernd. Und das klang nie sympathisch. Die Lösung war, besser für sich selbst zu sorgen. Unabhängig zu sein. Sich um sich selbst zu kümmern.

Ich wollte zeigen, dass ich das verstand, dass ich kein dummes, gieriges Kind mehr war. Ich war Psychotherapeutin, verständig und erwachsen. Wollte mich einfach mal ein wenig zusammenreißen. Herrn Jonathans Geduld nicht ständig so strapazieren. Nahm mir vor, die Stunde einmal nicht schweigend zu beginnen. Aber es klappte nicht.

Kaum saß ich auf meinem Sessel in dem kleinen Therapieraum zwischen seinen Steinen, fiel mir nicht mehr ein, was ich eigentlich sagen wollte. Meine Gedanken waren völlig blockiert. Sein Verständnis für meine Sprachlosigkeit fand ich demütigend. Nicht schon wieder. Das brauchte ich nicht. So, wie man Kinder gutmütig belächelt, wenn sie die Schleife an ihren Schuhen nicht hinbekommen. Aber ich wollte kein Kind mehr sein. Nicht so viel brauchen. Nicht ihn. Nicht meine Mutter. Nicht so.

Herr Jonathan meinte, ich könne mich ruhig mehr so zeigen, wie ich wirklich sei. Er sprach wohl von dem gierigen Kind.

Ich erklärte, so zeigte ich mich eh schon. Viel zu bedürftig. Viel zu gierig. Das sei ja gerade das Schlimme. Deswegen sei ich doch so unsicher. Deswegen würden mich die Leute doch nicht mögen. Deswegen die Depression.

Herr Jonathan sagte nichts, und auch das ärgerte mich. Wenn er schon so genau wusste, was ich falsch machte, warum sagte er das nicht? Wahrscheinlich dachte er, es würde eh nicht helfen, wenn ich mich bemühte. Wahrscheinlich war er genervt von mir. So, wie ich mich ihm gegenüber verhielt, musste er mich ja ziemlich gestört finden. Warum konnte ich mich nicht auch mal von meiner klugen Seite zeigen? Die Defizite kannte er schon zur Genüge.

Gleichzeitig hoffte ich zwischendurch, er fände mich tatsächlich trotz allem in Ordnung und liebenswert. Es wäre ein sehr freundlicher Gedanke. Ich hätte ihn dafür geliebt, wenn ich ihm getraut hätte. Aber wie könnte er das behaupten? Wenn das wahr wäre, säße ich doch nicht in der Therapie. Das war doch mein Urproblem. Ich war falsch. Das fühlte ich doch. Immerhin musste meine Mutter alle paar Monate kommen und meine Depression ertragen und erträglich machen. Genügend »Experten« hatten mir inzwischen gesagt, dass ich falsch sei. Meine Persönlichkeitsstruktur gestört. Das hatte er sicher auch in seinen Bericht für die Krankenkasse geschrieben.

Außerdem konnte er ja wohl nicht jedem raten, einfach so zu sein, wie er ist. Ich kannte eine Menge Menschen, die sich besser mal mehr zusammennehmen sollten. Und das Gleiche galt für mich. Meine Sehnsucht nach Zuwendung. Glaubte er denn ernsthaft, ich würde neue Freunde kennenlernen, wenn ich mit bettelndem Hundebabyblick in der Mensa säße? Alle würden schreiend fliehen. Oder zumindest denken: die Arme. Aber nie: Mit der möchte ich gerne befreundet sein.

Und was war eigentlich mit meinen Sehnsüchten Herrn Jonathan gegenüber?

24.09.2002

So.

Warum ich mit dieser Stunde nicht zufrieden war. Ich habe nicht gesagt, was ich wollte, was abzusehen war, aber deswegen nicht weniger frustrierend. (…) Ich bin ärgerlich. Ich möchte auf Sie ärgerlich sein. Das ist das Einfachste. Ich will einfach gegen das alles sein.

Um es ganz kurz zu beschreiben: Es fing alles damit an, dass Sie so verdammt mitfühlend sind. Das macht mir Angst. Es weckt Sehnsucht nach Geborgenheit etc. in mir. (…) Also werde ich ärgerlich auf Sie. Beschimpfe Sie in Gedanken, dass Sie keine Ahnung haben.

Nun sagen Sie, wir könnten phasenweise zwei Mal in der Woche Therapie machen und – Schreck lass nach, ich sitze wieder mit diesen Gefühlen da. (…) Dann bin ich völlig blockiert – diese ganzen miteinander streitenden Gedanken und Gefühle lähmen mich. Ich kann nichts sagen, obwohl mir durchaus klar ist, dass das helfen würde.

Wenn ich dramatischer veranlagt wäre, würde ich Ihnen wahrscheinlich zu Beginn der nächsten Stunde an den Kopf werfen, dass Sie über mich denken können, was Sie wollen. Sie können mich ruhig hassen (etc.). Dass ich Sie sowieso nicht brauche. Dann würde ich mich umdrehen – ich würde übrigens einen roten Wollmantel tragen – und ich würde aus der Tür stürmen. Wahrscheinlich würde ich dann eine wilde Nacht mit Sex und Alkohol verbringen.

Na ja, da mir der Ausweg versperrt ist, brauche ich Ihre Hilfe. (…)

Ich war am Wochenende im Lehrinstitut gewesen und knüpfte in der nächsten Therapiestunde an das Thema der letzten Stunde an:

»Wenn ich wirklich ich selbst wäre, säße ich mit großen Hundebabyaugen da und würde hoffen, dass mich jemand anspricht.«

Er sagte nichts. Hm.

»Natürlich verberge ich das. Also tu ich so, als wäre es mir egal, alleine herumzusitzen. Aber das ist auch blöd. Dann möchte ich lieber überhaupt niemanden sehen und verstecke mich in der Bibliothek. Ich habe keine Lust, mich so anzustrengen.«

»Das ist dann ja auch gut.«

Das hätte ich jetzt nicht erwartet. Was wollte er eigentlich von mir? Sollte ich meine Bedürfnisse zeigen oder nicht? Außerdem war das gar nicht gut, wenn ich mich in der Bibliothek versteckte. Ich war einsam, verdammt. Das wusste er doch.

»Das kann doch nicht gut sein. Ich will ja Kontakt. Es ist mir nur zu anstrengend. Also bleibt mir irgendwie nichts anderes übrig, als mich zurückzuziehen und mich einsam zu fühlen.«

Rückzug, Anstrengung, Einsamkeit. Das war doch alles blöd. Warum half er mir nicht? Als er schließlich etwas sagte, war ich ehrlich überrascht.

»Ich verstehe, dass das wie ein Dilemma wirkt. Aber eigentlich ist es keins. Sie könnten vielleicht versuchen, ein wenig von dieser Sorge oder Angst mitzuteilen und so mit den anderen in Kontakt zu treten.«

Ich war verblüfft. Sollte ich wirklich über meine Angst sprechen? Macht man so was? Immerhin hatte Herr Jonathan das Problem tatsächlich verstanden. Er hatte es sich nicht leicht gemacht. Mehr als »ach so« fiel mir als Antwort darauf nicht ein. Darüber musste ich erst nachdenken.

Möglicherweise hatte Herr Jonathan ja recht damit, dass ich meine Bedürfnisse zu sehr unterdrückte. Aber alles in allem wollte ich lieber nicht wissen, woher meine übergroße Bedürftigkeit kam. Das Thema machte mir Angst. In der Klinik hatte ich mir die Arme verbrannt, als ich mich ihm genähert hatte, und die kurze Depression vor wenigen Wochen hatte meine Ängste nur verstärkt.

Ich wollte ihm von den Verbrennungen erzählen, um damit nicht mehr so schrecklich alleine zu sein. Ich wusste, Herr Jonathan war immer in Sorge, dass ich von meinen Gefühlen »überflutet« wurde, und hatte deswegen Angst, er würde mein Anliegen zurückweisen. Ich bemühte mich um einen möglichst neutralen Gesichtsausdruck und fragte, ob es okay sei, darüber jetzt zu sprechen.

Er nickte. Und ich erzählte. Schließlich fragte ich ihn, ob er verstünde, warum ich das getan hatte.

Er sagte: »In meiner Resonanz entsteht bei mir ein Bild von Ihnen, ganz allein im All. Wenn ich dort gewesen wäre, wäre es mir wichtig gewesen, in Kontakt mit Ihnen zu kommen. Nicht zu nah, ich weiß, dass Sie Raum brauchen. Aber wie in einer Raumkapsel in guter Entfernung zu Ihnen.«

Ich war unglaublich dankbar für diese Sätze. Trug sie mit mir herum wie einen Schatz. Obwohl Herr Jonathan damals, als ich mich verbrannte, gar nicht dabei war, veränderte sich meine Erinnerung an diese Tage und ist nun verbunden mit einem inneren Bild von ihm, wie er auf mich schaut. Ich war nicht mehr allein.

In den kommenden Wochen erlebte ich eine Veränderung meiner Gefühle. Ich hatte zwar nicht geklärt, woher diese Gefühle kamen, aber ich glaubte Herrn Jonathan ein wenig, wenn er sagte, dass meine Bedürfnisse okay seien. Damit verringerte sich auch der Ärger und die Wut auf Herrn Jonathan. Ich misstraute ihm nicht mehr ständig. Die Scham und die Angst wurden weniger. Stattdessen erlebte ich nun Traurigkeit über die unerfüllten Sehnsüchte.

Im folgenden Brief wird diese Veränderung angedeutet, auch wenn sie mir damals nicht in dieser Klarheit bewusst war.

23.11.2002

Hallo,

ich bin heute nach Hause gekommen und fand mein Gesicht fast verändert. Ich kann nicht sagen wie, weil sich in mir in einem Spiralnebel Gefühle unterschiedlichster Farben verflechten. Vielleicht finde ich mein Gesicht annehmbarer. Nicht von außen, aber von innen. Von außen mag ich mein Gesicht sowieso, aber von innen erschrecke ich manchmal und mag es nicht ansehen, aus Angst, was es zeigt. Ich fürchte mich vor dem Ausmaß an Schmerz, Traurigkeit, Angst und Verzweiflung. (…)

Wenn ich höre, Sie sind da für mich in dem Schmerz, dann erstarre ich. Alles in mir verkrampft sich. Ich werde hässlich, dunkel. Der Schmerz schwillt in meiner Brust. Ich fühle mich einsamer noch als vorher. Ein Teil von mir sagt: »Gehen Sie weg! Merken Sie nicht, wie schutzlos ich bin?« Ich fürchte, Sie gehen wirklich, und ich weiß nicht, was dann kommt. (…) Ich hätte gerne geweint.

Es tut gut, jemanden zu haben, der meinem Schmerz glaubt. Ich fürchte immer, dass ich mich in etwas »hineinsteigere«.

(…) Wovor habe ich Angst oder wessen schäme ich mich, wenn ich nicht sagen kann, dass ich gerne gehalten werden möchte? Es ist eben so: Wenn man das sagt und dann passiert es nicht, dann muss man einmal dafür sorgen, dass der andere nicht merkt, wie traurig und enttäuscht man ist, damit er sich nicht schuldig fühlt, und dann ist da außerdem die Gefahr, dass die Traurigkeit riesig, riesig wird. Einsamkeit, Ablehnung. Außerdem sagt das ja auch etwas über einen aus: nämlich, dass man sich etwas irgendwie Unannehmbares wünscht. Dass man selber unannehmbar ist. Das ist natürlich nicht bei allen Wünschen so. Aber wenn man sich etwas wünscht, was man braucht, so tief braucht und der andere gibt es nicht, dann ist entweder der andere böse oder man selbst. (…)

Und wenn Sie jetzt sagen, Sie können das sehr gut verstehen aufgrund dessen, was ich Ihnen von mir und meinem Leben erzählt habe, dann ist das trotzdem schwierig. Auf der einen Seite fühle ich mich erleichtert, entkrampft. Ich bin nicht falsch, ich bin verständlich. … Auf der anderen Seite spüre ich dann den Anspruch an mich, doch einfach mal vernünftig und rational zu sein. Schließlich kann sich niemand erinnern, dass ich ein irgendwie trauriges Kind war. Ich war doch immer glücklich und ausgeglichen.

Ärger, Ärger. Ratlosigkeit und Lähmung.

Ich spürte die Angst, spürte den Schmerz, die Einsamkeit, die ungestillte Sehnsucht, und trotzdem konnte ich nicht glauben, dass der Ursprung in meiner Kindheit lag. Meine Gefühle passten nicht zu meiner Erinnerung. Die Ratlosigkeit war die gleiche wie damals in der Klinik. Aber nun hatte ich Herrn Jonathan an meiner Seite und er half mir, diese Gefühle zu ertragen und zu sortieren. Er machte die Scham erträglich. Er hielt meine Angst aus und meinen Ärger. Und irgendwie begann ich zu glauben, dass alles in Ordnung kommen konnte. Es war, als erklärte er mir die Welt.

Selbstwert, Zorn und Väter

WINTER 2002/03

Ich hatte den Rehaantrag eingereicht und bekam nun die Bewilligung der deutschen Rentenversicherung als Kostenträger. Da ich inzwischen einige Erfahrung mit Rehakliniken gemacht hatte, wusste ich, dass ich sicher nicht in irgendeine Klinik wollte. Entspannungsübungen, ein wenig Sport, Informationsgruppen zum Thema Depression und Soziale Kompetenz, Training in Genussfähigkeit und einmal die Woche ein halbstündiges Therapiegespräch würden mir kaum weiterhelfen. Ich musste nicht kurz mal raus aus meinem Alltag, ich musste wieder zu mir finden. Oder mich neu finden. Herr Jonathan hatte eine Rehaklinik in Süddeutschland vorgeschlagen.

Obwohl ich die Idee mit der Reha anfangs als kränkend empfunden hatte, freute ich mich nun doch auf die Zeit dort. Außerdem hatte die Reha den schönen Nebeneffekt, dass sich dadurch das Ende der Therapie bei Herrn Jonathan um einige Wochen verzögern würde. Vor Kurzem war mir aufgefallen, dass ja nun schon die Hälfte der Therapiezeit verstrichen sein musste. Fünfzig Stunden Therapie hatte die Kasse bewilligt. Ihr Ende lag mir schon jetzt schwer im Magen.

Mir blieben noch ein paar Wochen bis zu meiner Abreise. Eigentlich hatte ich vorgehabt, noch in diesem Jahr erneut umzuziehen, weil ich mich in meiner Stadt auch vier Monate nach dem Umzug dorthin nicht wohlfühlte. Ich war völlig isoliert und fragte mich, ob das an mir oder an der Stadt lag. Recht kurzentschlossen hatte ich meine Wohnung wieder gekündigt – in der Hoffnung, in der größeren Nachbarstadt einen besseren Start für mein neues Leben und endlich ein Zuhause zu finden. Jetzt rief ich meinen Vermieter an und bat ihn, die Kündigung um drei Monate zu verschieben.

In den Wochen vor der Reha gab es in meiner Familie einigen Streit mit meinem Vater. Ich sprach mit Herrn Jonathan über ihn. So viel Wut. Sogar Hass. Das wollte ich gar nicht, aber innerlich kochte ich förmlich. Herr Jonathan fragte, ob ich verbittert sei. Das hörte sich nicht gut an. Aber ich war bitter. Sehr, sehr bitter. Immer wieder fragte ich mich, ob es nicht besser wäre, keinen Kontakt mehr zu haben. Gleichzeitig wollte ich das auf keinen Fall. Mein Vater war ja kein Unmensch. Ich beschrieb Herrn Jonathan mein Gefühl, mein Vater sei ein Fels und ich versuchte, an ihn heranzukommen und schlüge mit Fäusten dagegen und täte mir nur ständig weh. Herr Jonathan fragte mich, was ich mir wünschte. Ich wusste es nicht. Er erzählte von seiner Phantasie: Ich sei ein Fluss, der an dem Vater-Felsen entlangfließe. Gleichmütig. Ohne zu schlagen. Ohne mir ständig weh zu tun. Trotzdem nah.

Ich mochte das Bild und wusste nicht, was es bedeutete. Wie sollte das möglich sein? Sobald ich meinen Vater traf, wurde ich so wütend, dass ich nur noch zuschlagen konnte. Mit Worten natürlich. Er machte mich einfach wild.

Ich konnte mir eine Beziehung zu meinem Vater nur vorstellen, wenn wir dabei so wenig Kontakt hatten wie möglich. Vielleicht würde es mir ja irgendwann genügen. Einfach zu wissen, dass ich einen Vater habe.

In meinen Phantasien nahm Herr Jonathan den Vater-Platz ein. Er wäre sicher nicht so verletzend. So unverständig. So hart. So leicht zu kränken. Ich träumte von ihm. War neidisch auf seine Kinder. Auch wenn ich mir solche Gefühle nicht gerne zugestand. Das war doch peinlich. Na ja, es wusste ja niemand was davon und irgendwie genoss ich diese Phantasien auch.

Einmal stieg ich lächelnd die Treppe zu Herrn Jonathans Praxis hoch. Er sah es und fragte, worüber ich mich freute.

»Ich dachte nur, dass ich mich wie ein Schulkind fühle, das mittags nach Hause kommt.«

»Und wie ist das?«

»Schön.« Ich verstummte. »Und mehr will ich darüber nicht sprechen.«

Mir war schon klar, dass Herr Jonathan sich seinen Teil dachte, aber immerhin sprachen wir nicht darüber. Und solange diese kindlichen Sehnsüchte nicht besprochen wurden, gab es sie offiziell nicht und damit auch keinen Grund, besorgt zu sein. Allerdings hörte ich es nicht gerne, wenn er mir dann auch noch von seinen Kindern erzählte. Da gehörte ich ja sehr offensichtlich nicht dazu. Ich grummelte still für mich.

28.10.2002

Hallo Herr Jonathan,

ich bin sehr, sehr ärgerlich.

Ich fühle mich so klein, so dämlich. Was haben Sie nur gemacht, dass ich das alles fühle. (…)

Ich habe geträumt: Ich war bei Ihnen in der Praxis. Nur dass ich jetzt auf einer Couch lag und Sie neben mir saßen. Irgendwie haben Sie eine Bemerkung gemacht, oder die Situation war so, dass der Eindruck entstehen konnte, Sie würden in Ihrer Freizeit nur vorm Computer sitzen und spielen. (Mein Vater spielt ständig Computer.) Das haben Sie dann irgendwie relativiert und gesagt, dass Sie gerne dieses oder jenes täten (irgendetwas »Angebrachtes«), worauf ich Sie darauf aufmerksam gemacht habe, dass Sie das gar nicht hätten sagen müssen – wegen Privatsphäre etc. Wir haben gelacht. Sie haben Ihren Kopf auf meinen Bauch gelegt und sich neben mich gelegt, und es lief irgendwie darauf hinaus, dass wir Sex haben würden. Die Tür ging auf und Ihre Frau kam herein, um etwas zu sagen. Die Stimmung war wohlwollend. Dann war der Traum zu Ende.

Über den Traum habe ich natürlich nicht mit Herrn Jonathan gesprochen. Das wäre mir viel zu peinlich gewesen. Sex mit dem Therapeuten, o mein Gott. Aber selbst wenn ich die Sache mit dem Sex herausgelassen hätte, wäre mir das zu nah gegangen. Meine Sehnsucht nach so einer »vollständigen« Familie war zu schmerzhaft. Vater, Mutter, Tochter. Frauen und Männer mögen sich. Ich als Mädchen von meinem Vater anerkannt. Und die Mutter kann diese Beziehung wohlwollend betrachten. Zu wissen, dass ich das nie haben würde, tat weh, machte mich wütend. In meiner Familie gab es eine strikte Trennung zwischen »Mamas Mädchen und Papas Jungs«. Und mein Vater mochte keine Frauen. Jedenfalls keine wie mich.

Als der Abfahrtstermin zur Reha schließlich kam, war ich ziemlich traurig, mich von Herrn Jonathan trennen zu müssen.

Ich fuhr mit dem Zug nach Süddeutschland. Am Bahnhof rannte mich so ein Eso-Freak fast über den Haufen. Lange Haare, Seemannssack unter den Arm geklemmt, Birkenstocksandalen. So einer, der an keinem Baum vorbeigehen kann, ohne ihn einmal zu umarmen und Mutter Natur für ihren freundlichen Gruß zu danken. Ich glaube, der hatte mich nicht mal bemerkt, der schwebte längst in anderen Sphären. Und dann steuerte er auch noch zielstrebig auf den kleinen Bus zu, den die Klinik geschickt hatte, um die neuen Patienten abzuholen.

Die Rehaklinik war klein. Die psychosomatische Abteilung

überschaubar. Als ich den Raum betrat, in dem die Neuankömmlinge und die Klinikleitung sich kennenlernen sollten, sah ich als Erstes den Kerl vom Bahnhof. Zum Glück waren neben ihm noch zwei andere Männer und außer mir noch zwei Frauen da. Der leitende Arzt erinnerte mich an einen ›Tatort‹-Kommissar. Er meinte: »Manchmal scheint das hier ein wenig wie Ringelpietz mit Anfassen.« Das solle uns nicht abschrecken. Tat es aber doch. Auf irgendwelchen Kinderkram hatte ich eigentlich wenig Lust.

Innerlich schwankte ich zwischen Sehnsucht (so ganz unter uns: Kinderkram war ja in den letzten Wochen mein Spezialgebiet gewesen und ich hatte es genossen) und Ablehnung (das sollte ja um Gottes willen niemand merken – auf alle Fälle nicht eine Gruppe wildfremder Menschen). Dann brach auch noch innerhalb der nächsten Stunde die Hälfte der Gruppe in Tränen aus. Der Arzt wusste gar nicht, wo er zuerst trösten sollte. Die flossen ja nur so über vor Kinder-Sehnsucht. Ich nicht. Das hatte ich schon hinter mir. Ich war schon groß. Ich war hier, um tiefer einzusteigen.

Ganz schön hochnäsig. Aber ich hatte auch allen Grund dafür, die Nase hoch zu halten, denn innerlich stand mir das Wasser längst bis zum Hals. Reine Überlebensstrategie. Ich fürchtete mich. Was, wenn mich niemand mochte? Wenn alle bald merkten, dass ich in Wirklichkeit ziemlich falsch war? Wenn niemand Ringelpietz-mit-Anfassen mit *mir* spielen wollte?

Herr Jonathan blieb ja immer recht gelassen angesichts meiner Mängel, meiner Bedürftigkeit, meines Ärgers. Doch ich zweifelte stark daran, dass andere Menschen das so sehen würden wie er. Meine Freundinnen und Familie versuchten zwar, mich zu beruhigen, aber vielleicht sahen die meine Mängel auch nicht so klar. Wenn man jemanden mag, ist man doch immer ein wenig großzügiger.

Den ersten Gesprächen mit Ärzten und Therapeuten sah ich deswegen recht befangen entgegen. Wieder würde ein Fremder, jemand, dem ich nicht sonderlich am Herzen lag, mich beurteilen, mich einschätzen, irgendein diagnostisches Urteil über mich fällen. Überhaupt psychologische Diagnostik. Das hieß ja nicht einfach: Ich mag dich oder ich mag dich nicht. Das hieß: Meine Güte, kein Wunder, dass dich niemand mag, so gestört, wie du dich verhältst. Hier hast du´s mal von professioneller Seite. Man selbst hält sich für mollig-warmherzig und diagnostisch hört sich das dann so an: Adipositas, Grad II, krankhafte Fettsucht. Igitt. Und ich war angehender Profi. Ich wusste, was diese Diagnosen bedeuteten. Das konnte ich schon hören: Umgang mit Gefühlen: mangelhaft; Fähigkeit, innere Bilder von Menschen aufzubewahren: gar nicht gut; Selbstwertgefühl: bestenfalls brüchig. Eine insgesamt eher unreife Persönlichkeitsstruktur. Klingt alles nicht übermäßig sympathisch. Ich versuchte, dem nicht so viel Bedeutung beizumessen, und war doch empfindlich.

Beim Abendbrot lernte ich dann meine Therapiegruppe kennen. Und war verzweifelt. Jeder Patient war Teil einer Gruppe, mit der er die gesamten Therapiestunden und Mahlzeiten verbringen würde. Familie in der Reha. Meine Familie bestand aus vier Frauen und einem Mann, die schon länger da waren, und mir drängte sich schnell das Gefühl auf, ich sei adoptiert. Ein Kuckuckskind. Das konnte doch nicht meine Familie sein!

Zwei der Frauen betrachteten die Therapie anscheinend als große Offenbarung. In einem fort hörte ich, dass es sehr, sehr schmerzhaft werden würde, aber dass ich mich auf alle Fälle darauf einlassen und mich öffnen solle. Dann würde ich so wahnsinnig viel über mich erfahren. Nur wenigen sei es gelungen, so tief einzusteigen wie ihnen. Die Therapeutinnen seien einfach großartig. Die besten überhaupt. Frauenpower. In den letzten vier Wochen habe sich ihr gesamtes Leben geändert. Juchheißa! Rehakoller, würde ich sagen.

Die beiden anderen Gruppenteilnehmerinnen waren kaum erwachsen. Liebenswert mit ihren pinkfarbenen Strähnen im Haar. Aber ständig hatte ich das Gefühl, mich nach ihren Teddybären und Kuscheltüchern umsehen zu müssen so jung wirkten sie.

Der einzige Mann in der Gruppe war der Typ Mann, der sich in Singleplattformen mit Spitznamen wie »Mausebär« oder »Kuscheltiger« vorstellt. Gutmütig, treu, ehrlich, sucht ebensolche sie. O Gott.

Alle fünf waren mir nicht durchweg unsympathisch. Offene, freundliche, nette Menschen. Keiner von ihnen schien eine Abneigung zu haben, mit mir Ringelpietz-mit-Anfassen zu spielen. Aber ich wollte nicht. Ich konnte mir beim besten Willen nicht vorstellen, mit ihnen Therapie zu machen. Zwei Tage lang versuchte ich es und brachte doch nicht mehr über mich, als ihnen mein mütterlich-therapeutisches Ohr zu leihen. Die Mädchen in die Arme zu nehmen, den Teddybär aufmunternd in die Seite zu boxen. Und konnte mich selbst dabei nicht leiden. Das war so unehrlich. Nicht das In-die-Arme-Nehmen oder In-die-Seite-Boxen. Das war schon ehrlich mitfühlend gemeint. Aber eben nicht auf Augenhöhe. Ich log mich selbst weg. Brachte es nicht über mich, mich diesen Menschen anzuvertrauen.

Ich litt. Einerseits merkte ich, dass ich nicht in diese Gruppe passte, andererseits fürchtete ich mich davor, was das den Therapeutinnen über mich vermitteln würde. Würden sie mich womöglich für nicht beziehungsfähig halten? Außerdem, hieß das nicht so was wie: Die sind unter meinem Niveau? So etwas wollte ich nicht denken. Ich schämte mich. Und dachte es trotzdem heimlich.

Glücklicherweise war ich mit den anderen Neuankömmlingen, die alle in unterschiedliche Therapiegruppen eingeteilt waren, inzwischen recht gut in Kontakt gekommen. Mit Steven, Torben (dem Eso-Freak) und Michelle konnte ich meine Zweifel und Selbstzweifel auf Spaziergängen und beim nachmittäglichen Kaffee besprechen. Und fand so schließlich den Mut, meine Therapeutin um einen Gruppenwechsel zu bitten. Ich war völlig überrascht und erleichtert, als meiner Bitte sofort entsprochen wurde und niemand ein Problem damit zu haben schien oder mich deswegen in Frage stellte. Eher war die Therapeutin verwundert über meine Angst.

Auch Steven meinte: »Warum machst du dir eigentlich solche Sorgen deswegen?«

Ich erklärte ihm die Sache mit dem Niveau, dass ich niemanden abwerten wolle und auch dass ich fürchtete, selbst negativ beurteilt zu werden, wenn ich es in der Gruppe nicht schaffte.

Steven sah mich verdutzt an. Für ihn war es selbstverständlich, dass er sich in einer Therapiegruppe wohlfühlen musste. Das war für ihn keine Frage des Werts. Weder meines noch des der anderen. Ich wunderte mich, wie er das so gelassen sehen konnte.

Offensichtlich hatte mich das Neu-Sein in der Reha so verunsichert, dass mein Selbstwertgefühl noch fragiler war als sonst. Und prompt bestimmte das Thema völlig meine Wahrnehmung. So wie ein Verhungernder überall nur Essen und mögliche Konkurrenten um die knappe Nahrung sieht. Mitpatienten, Therapeuten und Diagnosen – überall sah ich Gefahren und versuchte, mich zu schützen.

Die Methoden, die Menschen mit labilem Selbstwertgefühl benutzen, um sich zu schützen, kann man grob in zwei Gruppen unterteilen: 1. Angriff ist die beste Verteidigung. 2. Rückzug. Beides kann man mehr oder weniger elegant machen. Ich bevorzuge eine Mischung aus beidem. Wenn's geht, eher elegant. Aber das hofft wohl jeder.

Für das Umfeld ist Rückzug im Allgemeinen die angenehmere Strategie. Hierfür entscheiden sich die »Schüchternen«. Von denen man schlimmstenfalls sagt: Die hält sich wohl für was Besseres. Quatsch. Die hält sich für was Schlechteres und hofft, dass es so niemand merkt. Vielleicht nicht mal sie selbst. Dann gibt es da noch die »Leider«. Niemandem geht's so schlecht wie ihnen, niemandem wird so übel mitgespielt und sie ertragen's (hoffentlich) still. Da kann man die Achseln zucken und weitergehen. Genauso wie bei denjenigen, von denen man denkt, die sind sich selbst genug. Die brauchen niemanden.

Mein Problem mit dieser Strategie war, dass ich es zum einen hasse, schüchtern zu sein, und zum anderen mit einer ziemlichen Sehnsucht nach Kontakt in die Reha gekommen war. Die Therapie hatte diese Sehnsucht ja recht ungeschminkt an die Oberfläche geschwemmt. Leider reagieren die meisten Menschen auf Rückzug eher mit Achselzucken und Weitergehen als mit Interesse und Mitleid.

Blieb noch die Angriff-ist-die-beste-Verteidigung-Strategie. Damit kann man sich schnell unbeliebt machen. Man denke nur an all die gehassten Chefs. Die »Abwerter« unter ihnen machen andere nieder, um sich selbst besser zu fühlen. Ups. Gar nicht schön. Da gefiel mir die Leistungsmasche schon besser. Ich bin was wert, weil ich viel leiste. Weil ich gut bin. Intelligent. Attraktiv. Erfolgreich. Blablabla. »Angeber« sind immerhin weniger schmerzhaft für die Umgebung, allerdings bleiben sie damit auch schnell allein im Olymp der Götter. So hoch hinaus schafft's halt nicht jeder. Und will wahrscheinlich auch kaum jemand. Ich persönlich favorisierte als Strategie eine leichte Manie. Unterhaltsam. Lustig. Quirlig.

Vielleicht ein wenig oberflächlich. Einer meiner Professoren hatte uns von einem manischen Patienten erzählt, der für jede Station der Klinik einen Flügel bestellt hatte. Ich kaufte keine Klaviere, ich erzählte die Geschichte. Und ein Dutzend andere. Witzig. Lebendig. Steven lachte. Michelle lachte. Torben auch.

Annette nicht. Nach meinem Wechsel war ich in einer Therapiegruppe mit Steven und Torben gelandet. Annette und zwei andere Frauen waren schon länger als wir in der Reha und die »alten Hasen« der Gruppe. Steven hatte mich schon vorgewarnt, dass Annette in unserer »Gruppenfamilie« gerne die »Mutter« sein wolle und empfindlich darauf reagiere, wenn sich die »Kinder« – nämlich wir anderen – ihrer liebevollen Bemutterung nicht fügten. Noch bevor ich überhaupt das erste Wort gesagt hatte, spürte ich Misstrauen. Entweder ahnte Annette, dass ich nicht gerne das blökende Schäfchen spielte, oder sie fühlte sich durch meinen Beruf bedroht. Das passiert manchmal, wenn ich erzähle, dass ich Psychologin bin.

Wie dem auch sei. Annette lachte nicht. Messerscharf erkannte sie mein humoristisches Ablenkungsmanöver und piekste in meinen narzisstisch aufgeblähten Luftballon.

»Du nimmst ja nie etwas ernst. Ich finde es nicht richtig, sich über alles so lustig zu machen. Du solltest dich mal mehr mit dir beschäftigen. Man merkt gar nicht, warum du hier bist. Von dir würde ich mich nicht gern behandeln lassen.«

Bevor ich etwas sagen konnte, rauschte Annette davon. Ich war gekränkt und mein erster Impuls war zurückzusticheln, getreu dem Motto: Angriff ist die beste Verteidigung. Und Annette bot eine breite Angriffsfläche. Doch etwas in mir fühlte sich zu Recht ertappt.

Zerknirscht fragte ich Steven und Torben um ihre Meinung.

»Ja, es stimmt, ich weiß von dir weniger als von den anderen«, meinte Steven. »Aber da ist ja auch jeder unterschiedlich offen. Und Annette sollte lieber selbst mal anfangen, an ihren Themen zu arbeiten.«

»Schüchtern erleb ich dich eigentlich nicht.« Torben schloss sich Steven an.

Das sagten alle. Ich erwiderte: »Manchmal habe ich das Gefühl, ich habe nur die Wahl, entweder ganz für mich zu bleiben oder den Kontakt zu suchen und mich zu verlieren. Dann bin ich lustig und unterhaltsam und achte nur darauf, was bei den anderen passiert. Wie es denen geht.«

»Gut und schön. Aber wenn der andere nicht viel von sich preisgibt, halte ich mich natürlich auch eher zurück.« Steven spielte mit dem Tischschmuck.

Das machte mich nachdenklich. Torben malte mir ein Bild. Ein Haus, aus dessen Dach und Schornstein ein Baum wächst. Drinnen im Kamin brennt ein Feuer. Das Feuer der Leidenschaft, meinte er. Darunter schrieb er: Geh aus dir raus und bleib bei dir. Kunststück, dachte ich.

Paradoxerweise machten solche Gespräche meine Abwehrtaktik langsam überflüssig. Je mehr liebevolle Unterstützung ich erfuhr, desto sicherer fühlte ich mich. Und hatte weniger Grund, mein Selbstwertgefühl durch leicht manischen Unterhaltungswahn zu stabilisieren. Die Wand der Unsicherheit um mich herum wurde dünner. Ich begann, mich mit Steven, Torben und Michelle immer vertrauter zu fühlen, und öffnete mich mehr und mehr.

Ich vermisste Herrn Jonathan und malte mir einen großen Baum mit Comicaugen. In die freiliegenden Wurzeln malte ich mich. Geborgen in einer Höhle aus Erde und Gehölz. Dieses Bild hängte ich über mein Bett an die Wand.

Der Gruppentherapeut kam kurz vor Weihnachten aus

dem Urlaub zurück und bis Silvester war ich gründlich mit ihm zerstritten. Er sah aus wie jemand vom irakischen Geheimdienst – das heißt, ich war ziemlich sicher, dass jemand, der dort arbeitete, so wie Herr Murisch aussehen musste. Arrogant, kalt, herablassend, desinteressiert. Wenn er jemanden aus der Gruppe mit dessen Ängsten und Empfindlichkeiten konfrontierte, sah er gewöhnlich gelangweilt aus dem Fenster. Oder auf seine Füße. Saß da mit verschränkten Armen und gab irgendwelche unpersönlichen Deutungen von sich. Oft sehr zutreffende, sehr intelligente Deutungen. Er war schon kompetent. Aber ohne einen Hauch von Empathie. Das hatte er wohl nicht nötig. Nun ja, manche Therapeuten sagen, man muss Patienten nicht sympathisch finden. Und auch sonst keine Regung zeigen. Sondern wie ein Spiegel nur das wiedergeben, was die Patienten präsentieren.

In meinem Fall wäre das blanke Wut gewesen. Herr Murisch machte mich so zornig, dass ich jedes Mal tief durchatmen musste, bevor ich in der Gruppe etwas sagte. Schon vor Weihnachten stritt ich mit ihm um die Erlaubnis, an den Feiertagen nach Hause fahren zu dürfen. Und später wurde es nicht besser. Nachdem ich mich zwei Wochen lang aufgeregt hatte, beschloss ich, darüber in der Gruppe zu sprechen. Ja, genau, in der Gruppe mit Herrn Murisch. Ungeachtet meiner Wut war ich ein wenig ängstlich.

Was war das mit mir und Herrn Murisch? Warum machte er mich so aggressiv? Steven war bei Weitem nicht so ärgerlich auf ihn. Torben war zwar wütend wie ich. Aber ich fand, er war sowieso leicht zu kränken. War ich vielleicht auch ein wenig zu sensibel? Annette und Rabea mochten Herrn Murisch sogar. Bitte?! Er habe so etwas väterlich Strenges, das würden sie brauchen. Wer braucht es denn, mies behandelt zu werden? Ich jedenfalls nicht. Aber ich kannte diesen Typ Frau. Die machten sich klein und hilfsbedürftig und bekamen dafür dann ihr Maß magerer Zuwendung. »Bitte, bitte, Papa, hab mich lieb«, schienen sie zu betteln. Das machte mich wild. Ich wusste, ich würde das nie schaffen. Weder mich so klein zu machen noch Zuwendung von solchen Männern zu bekommen. War ich vielleicht deswegen wütend? Wollte ich insgeheim von Herrn Murisch gemocht werden? Was war denn mit meiner Vater-Sehnsucht? Quatsch. Ich war wütend, weil sich Herr Murisch so arrogant verhielt. Er stocherte in Wunden ohne das kleinste bisschen Mitgefühl. Von so jemandem wollte ich ganz bestimmt nicht gemocht werden. Das durfte ich mir doch nicht bieten lassen. Mit Selbstwert-Stabilisierungs-Strategien kannte ich mich schließlich aus. Herr Murisch fühlte sich ganz toll, wenn er uns unsere Probleme so nüchtern erklären konnte. Die »Angeber-Strategie«. Das gab´s ja häufig. Bei meinem Vater zum Beispiel. Und manchmal verhielt ich mich ja selbst so. Aber er war hier der Therapeut und sollte besser sein. Und deswegen ging ich auch erbarmungslos streng mit ihm ins Gericht.

Ich konfrontierte Herrn Murisch mit meinem Ärger: »Ich habe das Gefühl, Sie interessieren sich gar nicht für uns. Sie sehen aus, als seien Sie völlig gelangweilt. Das macht mich so, so, so wütend.« Dann fielen noch Worte wie »Augen auskratzen« und »Hass«.

Herr Murisch sagte nichts.

In mir kämpften zwei Stimmen: Die eine wollte weiter ausholen und all den Ärger und die Wut herausschreien. Die andere hatte auf einmal Bedenken und wollte etwas von dem Ärger zurücknehmen. Immerhin war Herr Murisch auch nur ein Mensch. Es musste ziemlich schwierig für ihn sein, mit so viel Ärger konfrontiert zu werden. Irgendwie tat er mir da auch leid. So erbarmungslos wollte ich eigentlich gar nicht sein. Mein schlechtes Gewissen meldete sich. Auch das kannte ich von meinem Vater.

Ich versuchte ein- und meine Wut umzulenken: »Wie bei meinem Vater. Da habe ich auch immer das Gefühl, ich schlage gegen einen Felsen und er bemerkt mich nicht einmal. Er will, dass ich seine kleine Tochter bin, damit er sich wie mein großer, starker Vater fühlen kann. Ich selbst interessiere ihn gar nicht.«

Herr Murisch fragte weiter nach meinem Vater, und ich ließ mich darauf ein. Ich wollte ihn ja nicht vertreiben. Nicht gegen mich aufbringen. Er sollte einfach meinen Zorn aushalten. Nicht weglaufen. Sich nicht rächen. Denn so reagierte mein Vater immer. Er ging einfach und spielte das arme Opfer. Das machte mich rasend vor Wut. Da ich nicht an Herrn Murischs Kompetenz zweifelte, hoffte ich, dass er das hinbekam. Und tatsächlich schaffte er es gut. Im Großen und Ganzen blieb er recht gelassen. Dafür bedankte ich mich bei ihm.

Im Abschlussgespräch fragte er mich, ob ich ihn als Therapeuten weiterempfehlen würde. Ich sagte, ich sei mir nicht sicher. Einerseits war ich dankbar für seine Reaktion auf meine Wut. Andererseits fand ich sein arrogantes Verhalten immer noch ziemlich störend.

Und was war mit meinem Selbstwertgefühl? Ich war ja nicht zuletzt deshalb so ärgerlich auf Herrn Murisch, weil ich der Meinung war, dass er »besser« sein sollte. Besser als wer? Nun ja, zum Beispiel besser als ich. Er sollte sein Selbstwertgefühl nicht so plump stabilisieren müssen. Er sollte sich einfach gut mit sich selbst fühlen. Sich selbst mögen. Damit ich glauben konnte, dass das möglich wäre: sich selbst zu mögen, obwohl man nicht wirklich perfekt ist. Herr Jonathan fragte mich einmal, was ich mir von meinem Vater wünschte. Ich sagte: »Ich möchte einfach nur stolz auf ihn sein. Und zwar nicht wegen irgendwelcher Angeberei oder so, sondern weil er einfach er selbst ist.« Trotz all meines Ärgers war er immerhin mein Vater. Er war ein Teil von mir. Ich erkannte mich in ihm wieder. Identifizierte mich mit ihm. Und verachtete mich dann.

In der Therapiegruppe zum Thema Sexualität leitete der Therapeut eine Imaginationsübung an. Dabei wurde mir bewusst, wie tief meine Scham tatsächlich ging.

Wir lagen auf dem Rücken und sollten uns vorstellen, wie wir in unserem Bauch unserem »inneren Kind« begegneten. Ach Gott, dachte ich, das ist jetzt aber echt Kinderkram. Das passte ja zu diesem Therapeuten mit seinen Tüchern und Luftsprüngen. Darauf hatte ich wirklich keine Lust. Ich machte trotzdem halbherzig mit und war vorbereitet auf ein wenig Rührseligkeit, gekoppelt mit den für mich zu erwartenden Traurigkeits- und Einsamkeitsgefühlen. Das Ganze dann verbunden mit einem gewissen Mitgefühl für das »innere Kind«.

In meiner Phantasie stellte ich mir eine Art Höhle in meinem Bauch vor und dann ein kleines Mädchen, das aus der Entfernung auf mich zuging. Als dieses imaginäre kleine Wesen dann in meiner Phantasie näher kam, spürte ich statt der erwarteten Rührseligkeit eine Wand aus Scham. Mein spontanes Gefühl war: Mit dir will ich nichts zu tun haben. Dich will ich nicht. Du bist hässlich, krumm und schief. Abstoßend. Merkst du nicht, wie blöd du bist? Warum zeigst du dich? Wenn die Leute dich sehen, was denken die über mich?

Das hatte ich nicht erwartet. Ich erschrak über mich selbst und schämte mich ein zweites Mal. Diesmal über meinen »inneren Erwachsenen«. Man schämt sich doch nicht für ein Kind. Kinder werden geliebt, in den Arm genommen, beschützt. Doch ich schämte mich. Mir wurde übel. Alles in mir zog sich zusammen und wurde steif. Am liebsten wäre ich vor dem Kind davongelaufen. Das zu spüren, machte mich mit einem Mal unglaublich ärgerlich. Wie konnte ich nur! Ich kniff den Mund zusammen und versprach mir selbst, mich nie wieder für dieses Kind zu schämen und es zu verteidigen gegen jeden missbilligenden Blick.

Den Nachmittag verbrachte ich traurig im Bett. Wie herzlos ich doch mir selbst gegenüber war. Ich nahm mir vor, sorgsamer mit mir umzugehen.

In einer anderen körperorientierten Therapiegruppe konnte ich plötzlich ganz deutlich spüren, wie viel Kraft mich diese notdürftige Stabilisierung meines Selbstwertgefühls kostete. Wie anstrengend es war, sich stark und unabhängig zu fühlen, wenn man es gar nicht war. Denn meine »kleine Manie« brauchte Kraft, so lustig und leicht sie sich auch anfühlte. Wir sollten zunächst eine Körperhaltung einnehmen, die unserer Krankheit entsprach. Dann die Körperhaltung, mit der wir bisher den Symptomen getrotzt hatten, und anschließend schauen, wie sich eine gute Haltung als Ziel einer Behandlung für uns anfühlen würde.

Meine depressive Körperhaltung glich der einer zusammengefallenen, vertrockneten Blume. Ich suchte nun eine Haltung, die die Traurigkeit bannte, und nahm eine sehr aufrechte, kraftvolle Pose ein. Die Schultern nach hinten, die Arme angewinkelt und dem Gegner entgegengestreckt, mutig das Kinn nach vorne gereckt. Energiegeladen, stark, unabhängig. Ganz typisch für mich, würde meine Mutter wohl sagen. Eine Mitpatientin meinte spontan: »Das sieht ja gut aus.« Sie hielt das für die perfekte Bewältigung der Depression.

Und ich wurde unglaublich traurig. Diese Haltung war ebenso vernichtend wie die verwelkte Blume. So starr, so anstrengend, so einsam. Das sah vielleicht gut aus, es fühlte sich aber nicht gut an. Ich war erschreckt, dass ich das nie bemerkt hatte.

Die Reha ging dem Ende entgegen und ich tauschte mit Steven, Michelle und Torben Adressen aus. Meine ersten Freunde seit Beginn der Depression. Die letzten Tage verbrachten wir mit Spaziergängen, Kaffeetrinken, Kuscheln und Lachen. Ich fühlte mich wohl. Zum Abschied tanzte ich mit ihnen zur Musik von ›I found love‹.

Von Schmetterlingen, Fröschen und Elefanten

Frühjahr 2003

Ich kam nach Hause und begann sofort, mir eine neue Wohnung zu suchen. In zwei Monaten wollte ich umziehen und danach endlich meine Ausbildung zur Psychotherapeutin fortführen. Während eines Sonntagnachmittag-Spazierganges auf dem Stadtwall fühlte ich mich zum ersten Mal seit Jahren glücklich. Richtig glücklich. Als hätte ich eins dieser kleinen Aufziehautos verschluckt und es brummte, summte und kribbelte fröhlich in meinem Bauch. Ich träumte von der Zukunft.

Bereits nach zwei Wochen hatte ich eine Wohnung gefunden. Holzfußboden, große Küche, Balkon, keine zehn Minuten von der Innenstadt entfernt und doch ruhig. Perfekt. Ich hatte das Gefühl, mein neues Leben begann unter einem guten Stern.

Die fünfzig Stunden Therapie, die wir beantragt hatten, gingen ihrem Ende entgegen. Zumindest fühlte sich das für mich so an. Der letzte Termin würde zwar erst im Mai oder Juni sein, aber für mich war das praktisch morgen. Viel zu bald. Ich begann, Abschied zu nehmen.

Und wollte vorbereitet sein auf die Zeit ohne Herrn Jonathan, um nicht erneut abzustürzen. Also machte ich mir Gedanken. So handhaben wir das in meiner Familie, um uns vorzubereiten: Wir machen uns Gedanken. Niemand liest vermutlich all die Gebrauchsanweisungen, auf denen steht: *Unbedingt vor dem ersten Gebrauch lesen!* In siebenundzwanzig

Sprachen. Wir schon. Als ich mir einen Roller kaufte, ging ich in meine kleine Buchhandlung gleich um die Ecke und fragte nach einem Buch, das das Rollerfahren erklärt. Keinen technischen Schnickschnack. Die Basics. Gas geben. Um Kurven fahren. Wetterschutz. Die Verkäuferin sah mich bedauernd an und sagte: »Nun, die meisten fahren wohl einfach los.« Ich nicht. Ich machte mir Gedanken.

Außerdem bin ich Psychologin. Es ist mein Beruf, mir Gedanken zu machen. Über Abschiede. Beendigungen. Trennungen. Verlassenwerden. Nimmerwiedersehen. Also begann ich auch in diesem Fall lieber frühzeitig. Natürlich sprach ich nicht mit Herrn Jonathan darüber. Er sollte nicht denken, dass ich so eine Memme war, die nicht mal mit einem Therapieende klarkam.

Ich hatte keinen konkreten Plan für meine Abschiedsvorbereitungen, aber wenn ich mich heute an die Therapiestunden aus dieser Zeit erinnere, scheine ich damals versucht zu haben, die losen Enden zu sortieren und möglichst schöne Schleifen daraus zu binden. Bloß nichts Neues mehr beginnen. Möglichst viel noch von Herrn Jonathan einpacken und gebügelt und gefaltet in den Koffer legen, damit ich dann am Tag X bereit wäre zu gehen. Vielleicht noch ein paar schöne Fotos schießen, um hinterher nicht ganz ohne Erinnerung dazustehen.

Ich begann daher, mich dem noch Ungelösten in der Therapie zuzuwenden. Immer wieder dachte ich darüber nach, was die Situationen zu bedeuten hatten, in denen ich hin- und hergerissen von widersprüchlichen Gedanken schließlich gar nichts mehr sagen konnte. Die Situationen, in denen Herr Jonathan vorsichtig von »nicht-ganz-anwesend« sprach. Wenn ich wütend und frustriert war. Warum verstand er nicht, was ich wollte? Er sollte einfach nur bei mir bleiben. Mir Geborgenheit geben, indem er bei mir saß und mich mit meiner Verwirrung aushielt. Warum wusste er nicht, dass er alles nur schlimmer machte, wenn er von mir erwartete, dass ich etwas sagte? Ich beobachtete jede seiner Handbewegungen, wusste, dass er das merkte, und ärgerte mich über die gemeinsame Anspannung. Das wollte ich nicht. Konnte er nichts dagegen tun?

Ich hatte mich in den letzten Monaten bemüht, mich schneller aus diesen Gedankenkreisen herauszureißen. Wenigstens irgendetwas zu sagen. Doch das kostete mich enorme Kraft. Es waren einfach zu viele Gedanken und sie wechselten zu schnell. Ich konnte nie einen einzelnen herausgreifen. Es war, als spiele sich innerhalb dieser Szenen alles ab, worüber wir in der Therapie gesprochen hatten. Die Hundebabygefühle, die Angst, die Wut, die Scham, der Rückzug. Und das wollte ich einmal aussprechen.

Schließlich malte ich eine Bilderfolge, die alle Gedanken und Gefühle einzeln wiedergab. Kinderzeichnungen mit Wachskreide.

Die fünf Bilder zeigten Herrn Jonathan und mich in seiner Praxis. Ihn als Strichmännchen.

Im ersten Bild malte ich mich als weinendes Baby auf meinem Sessel liegend. Er sitzt mir gegenüber.

Ich hatte die Idee, dass das gewöhnlich die Ausgangssituation für diese elendigen Gefühlsverstrickungen war, die sich irgendwann nicht mehr entwirren ließen. Sie stand stellvertretend für alle Situationen, in denen ich mich hilflos, abhängig, klein und bedürftig fühlte. Hundebabyblick-Situationen.

Im zweiten Bild tritt an die Stelle des Babys ein Frosch mit einer riesigen, langen Zunge. Der Frosch umfängt Herrn Jonathan mit seiner Zunge, um ihn zu verschlingen. Genüsslich.

Im dritten Bild ist Herr Jonathan dabei, eine Steinmauer zwischen mir und sich hochzuziehen. Auf meinem Sessel steht ein Grabstein. RIP. Rest In Peace.

Diese beiden Bilder sollten meine Ängste darstellen, die sich sofort regten, sobald ich mich so klein fühlte. Angst davor, zu viel zu wollen, zu anstrengend, zu verschlingend zu sein – wie der gierige Frosch. Angst davor, mit dieser Gier gesehen zu werden. Und Angst davor, abgewiesen und mit tödlichen Folgen ausgegrenzt zu werden – durch die Mauer. Beides sehr schambesetzt. Aber irgendwie gefiel mir der Frosch auch. So eine lange Zunge. Schleck. Die Mauer zog Herr Jonathan hoch, wenn er wollte, dass ich etwas anders machte. Wenn er mich nicht einfach so lassen konnte, wie ich war. Und dieses Gefühl hatte ich beinahe immer, sobald der Frosch auf der Bildfläche erschien. Jede Frustration fühlte sich an wie eine Zurückweisung: Du bist falsch.

Im vierten Bild bin ich ein Elefant, der mit hochgestellten Ohren wütend auf Herrn Jonathan herumtrampelt.

Regelmäßig verfiel ich als Reaktion auf diese Ängste in große Wut. In jeder kleinen Handbewegung, jedem Räuspern sah ich die Bestätigung für die Mauer, die Herr Jonathan hochzog. Dann fühlte ich mich hilflos wütend. Hätte auf ihm herumtrampeln können, damit er mich bemerkt. Gleichzeitig vergrößerte das meine Angst, denn so wütend würde ich mit meinen Wünschen nach Geborgenheit und Gehaltenwerden sicher abgelehnt werden. Das würde ja niemand aushalten. Und mit der Angst verstärkte sich dann wiederum die Wut. Sobald all diese Gefühle auftraten, war es mir unmöglich, darüber zu sprechen.

Im letzten Bild sitzt Herr Jonathan allein in seinem Sessel, während ich als Schmetterlingsschwarm aus dem Fenster fliege.

Dieses Bild sollte meinen Rückzug ins Schweigen zeigen.

Herr Jonathan meinte dann gewöhnlich, ich sei nicht mehr richtig in Kontakt mit ihm. Aber eigentlich stimmte das nicht. Ich sah jede kleine Bewegung. Sah auch, wie unwohl er sich fühlte. Mein Schweigen, dargestellt als Schmetterlingsschwarm, war eher mein hilfloser Versuch, nicht mit all diesen überwältigenden Gefühlen über ihn herzufallen und so alles zu ruinieren. Rückzug in mich selbst. Damit verließ ich ihn nicht, damit schützte ich ihn. Und mich. Denn von den Bildern zwei bis vier sollte Herr Jonathan lieber nichts mitbekommen. Und auch sonst niemand. Am liebsten auch nichts von den Hundebabyblicken im ersten Bild. Doch auf denen ritt er ja immer herum. Die konnte er dann auch meinetwegen sehen. Aber besser nichts von der Angst, der Frustration, der Wut und der Scham. Dagegen waren doch Schmetterlinge völlig harmlos.

Warum sagte ich das alles nicht einfach? Völlig unmöglich. Da hätte sich nur wieder alles verwirrt. Ich zeigte Herrn Jonathan die Bilder und hielt ungefähr eine Stunde lang die Luft an, während er beschrieb, was er sah. Weder lachte er noch schmiss er mich raus. Er schien auch nicht sonderlich überrascht oder beunruhigt. Nicht vom Baby, nicht vom Frosch und auch nicht vom Elefanten. Das wiederum beruhigte mich.

»Eigentlich müsste man die Bilder als Kreis legen. Ohne Anfang oder Ende. Immer weiter.« Er malte mit der einen Hand einen Kreis in die Luft.

Ich sah ihn fragend an und dann auf die Bilder. Natürlich drehte sich alles in mir. So viel Angst und Wut und Sehnsucht. Das war ja verwirrend. Aber Herr Jonathan meinte anscheinend noch etwas anderes. Ein Kreis war nicht verwirrend. Ein Kreis hatte eine Form. Eine Abfolge. Eine Linie. Ich verband in Gedanken das Bild von den Schmetterlingen mit dem Baby-Bild. Warum sollte auf die Schmetterlinge das Baby folgen? Warum sollte der Rückzug wieder diese Sehnsucht nach Geborgenheit, die Hundebabygefühle auslösen? Und damit den ganzen schlimmen Kreislauf von vorne starten? Ich fand meinen Rückzug nicht beunruhigend. Besser als so wütend zu werden wie der Elefant oder ständig abgelehnt zu werden wie mit der Mauer oder sich in einen gierigen Frosch zu verwandeln. Aber darüber wollte ich nicht schon wieder streiten. Meine Bilder sollten das Thema ja abschließen und nicht neue Fragen in den Raum stellen.

In Bezug auf die Schmetterlinge blieben wir also uneins. Ich bemühte mich einfach weiter, in solchen Situationen nicht ganz zu verschwinden, auch wenn ich damit nicht zufrieden war. Aber jedenfalls war ein loses Ende so verschnürt.

Nächster Programmpunkt. Nach drei Jahren Inaktivität trat ich aus der Kirche aus. Ich wollte für mich ein Zeichen setzen. Und auch für meine Familie. Ich komme nicht mehr zurück. Die schriftliche Antwort der Kirche mit der Exkommunikation traf mich trotzdem ziemlich tief. Mir wurde mitgeteilt, dass damit alle meine Segnungen und Bündnisse aus den Büchern des Himmels und der Erde gelöscht würden. Autsch. Ich ging mit einem Tritt in den Hintern. Auch wenn mir nichts mehr an diesen Bündnissen und Segnungen lag: Diese Kälte hatte ich trotz allem nicht erwartet.

Ich erklärte es Herrn Jonathan recht nüchtern. Ich hatte mich entschlossen, nicht mehr zu glauben. Glauben hatte mir nicht gutgetan. Ich hatte mich ständig völlig unzulänglich gefühlt, und das wollte ich nicht mehr. Punkt. Es war mir egal, was mein Himmlischer Vater mit meinen Segnungen und Bündnissen tat. Wenn ich ihm egal war, war er mir auch egal. Punkt. Darüber gibt es nicht mehr zu sagen. Ich werde ihm jedenfalls keine Träne nachweinen. Punkt.

Als ich meiner Familie davon erzählte, verließen mein Vater und meine Schwester kommentarlos den Raum. Ich glaube, nicht um mich zu kränken, und doch hätte ich mir eine andere Reaktion gewünscht. Einzig mein Bruder meinte, für ihn sei das okay, wenn ich damit glücklich sei. Danke. Meine Mutter war kurz vor mir ausgetreten und wohl froh über meinen Entschluss, auch wenn wir nicht viel darüber sprachen. Loses Ende verknotet. Keine Schleife, eher ein Doppelknoten.

Ich kann mich kaum erinnern, worüber ich ansonsten in den nächsten Wochen mit Herrn Jonathan sprach. Innerlich ängstigte mich ja das Therapieende, doch das wollte ich mir nicht anmerken lassen. Stattdessen konzentrierte ich mich darauf, mein Leben außerhalb der Therapie zu gestalten. Wenn ich Herrn Jonathan verließ, wollte ich schließlich nicht ins Leere fallen. Und es klappte gut. Nicht nur in der Therapie fühlte ich mich weniger hin- und hergeworfen, auch außerhalb spürte ich neue Sicherheit. Oft freute ich mich sogar auf die Zukunft. Hatte mir schon einen Chor ausgesucht und Kontakt zum Psychologen-Stammtisch in der neuen Stadt aufgenommen. Ich fuhr viel Fahrrad und las Unmengen an Fachliteratur. Endlich verstand ich wieder etwas. Mit Steven und Michelle hatte ich weiter Kontakt und inzwischen fast zwanzig Kilo abgenommen. Manchmal traute ich mich kaum, tiefer Luft zu holen, um nichts zu zerstören.

Ich hatte einen Traum, in dem ich Sekretärin oder Beraterin einer sehr bekannten Persönlichkeit und damit selbst sehr, sehr wichtig war. Mit Akten beladen erklimme ich eine Treppe nach der anderen und schließlich steige ich auch noch in einen Fahrstuhl. Immer höher. Als sich die Tür des Fahrstuhls öffnet und wir über einen kleinen Spalt springen müssen, um auszusteigen, sagt die Frau mit Zwillingskinderwagen neben mir, sie habe gar keine Angst abzustürzen. Ich schon. Ich denke mir im Traum: Niemand, der nicht schon mal so tief gefallen ist, weiß, wie schrecklich es wirklich ist. Auch Herr Jonathan nicht. Dann wachte ich auf.

Als ich Herrn Jonathan den Traum erzählte, wollte er das augenscheinliche Selbstwertproblem darin angehen. Angesichts der Unsicherheit, die das nahende Therapieende und der Beginn meiner ambulanten Tätigkeit als Psychotherapeutin mit sich brachte, stabilisierte ich mein Selbstwertgefühl nach gewohntem Muster: Angriff ist die beste Verteidigung. Im Moment war »Leistung gewürzt mit leichten manischen Einschlägen und einer Prise Angeberei« meine bevorzugte Strategie. Immer höher hinaus. Daedalus und Ikarus. Darüber wollte er also sprechen. Bitte?! Hatte er die Angst nicht gehört, von der ich sprach? Ich wollte nicht meine Angriff-ist-die-beste-Verteidigung-Strategie in Frage stellen, solange mir die Angst noch im Nacken saß. Und schon gar nicht jetzt, kurz vor Therapieende. Das wäre doch wirklich blöde. Besser ein wenig ins Rotieren kommen als wieder in der Depression versinken. Mein Traum hatte offensichtlich ganz richtig erkannt: Auch Herr Jonathan wusste nichts von dem Schrecken. Ich lenkte das Gespräch woandershin.

Kaum drei Wochen später ging es dann doch wieder um meine Strategien zur Selbstwertstabilisierung. Das Thema der Stunde war eigentlich nicht neu: Umgang mit Gefühlen. Humorvolle Distanzierung. Das Leben nicht ständig so ernst nehmen und immer wieder in Gefühlsuntiefen eintauchen. Muss man ja nicht. Jedenfalls nicht andauernd. Vielleicht hatte ich die Stunde begonnen mit der Feststellung, dass es mir ganz gut gehe. Wir witzelten herum. Albern. Ein wenig ausgelassen. Herr Jonathan hatte schon oft Bemerkungen fallenlassen über Leichtigkeit, glücklich sein dürfen, sich nicht anstrengen müssen. Warum ich das gerade in dieser Stunde so schwer nahm, weiß ich nicht mehr genau.

Genauer gesagt, ich nahm es nicht während der Stunde

schwer, sondern hinterher. Plötzlich fühlte ich mich ertappt. Ich glaubte, diese witzige Seite an mir wiederzuerkennen. Meine kleinen manischen Selbstschutzversuche. Humorvoll und unterhaltsam sein. Jetzt ärgerte ich mich, dass Herr Jonathan das als etwas Positives darstellte: Wollte er eine meiner Schwächen therapeutisch nutzen? Ich machte zwar oft Spaß und genoss dann auch die Aufmerksamkeit, aber irgendwie schämte ich mich gleichzeitig. Hatte dann das Gefühl, zu oberflächlich zu sein. Die Dinge nicht ernst genug zu nehmen. Annette hatte da schon eine empfindliche Stelle getroffen. Und jetzt wollte er, dass ich das noch vertiefte? Warum das denn? Fand er mich traurig zu anstrengend?

Drei Wochen vorher hatte ich meine Höhenflüge noch vor ihm verteidigt und jetzt beschuldigte ich ihn, mich dazu anzustiften und zu drängen. Um ihn zu unterhalten. Ihm nicht zur Last zu fallen. Besser eine kleine Manikerin als eine ständig depressive Patientin.

Ich war enttäuscht und verärgert.

17.03.2003

Hallo Herr Jonathan,

ich bin sauer und diesmal ganz ohne Spaß.

Ich bin doch nicht Ihr Clown.

Und jetzt brauchen Sie gar nicht gekränkt zu sein und zu versuchen, sich zu verteidigen. (...)

Ich bin verletzt und fühle mich von Ihnen weder ernst genommen noch verstanden.

(...) Ich fühle mich von Ihnen allein gelassen, und mit meinen Gefühlen allein zu sein, kenn ich schon. Das brauch ich nicht mehr. Es ist, als hätten Sie jetzt diese Mauer hochgezogen.

Machen Sie sich keine Sorgen, mein Leben kriege ich schon gebacken (nicht zuletzt dank Ihnen: Danke). Ich will nur, dass Sie da sind. Verdammt noch mal.

Diesen Ärger teilte ich Herrn Jonathan in der nächsten Stunde mit. Er war überrascht, nahm aber netterweise alle Schuld auf sich, ohne groß zu diskutieren. Prompt hatte ich ein schlechtes Gewissen, denn immerhin hatte auch ich in der vergangenen Stunde meinen Spaß gehabt.

Er meinte beruhigend: »Ich habe Sie schließlich gekitzelt. Dann muss man ja lachen.«

Was warf ich ihm eigentlich vor? Glaubte ich wirklich, er nähme mich nicht ernst oder ich sei ihm eine Last? Ich müsste für ihn fröhlich, lustig, heiter sein? Wie kam ich damals darauf? Ich kannte ihn so doch gar nicht.

Als Therapeutin hätte ich vermutet, dass ich in Herrn Jonathan jemanden von früher wiedererkannte. Jemanden, für den ich oft den unterhaltsamen Clown gespielt hatte. Jemanden, der nicht wissen wollte, wann es mir schlecht ging. Schließlich lernen wir unsere Selbstschutzstrategien irgendwann mit irgendwem. Vielleicht kann man in der einen Familie eher mit Leistung punkten, in der anderen eher mit Schüchternheit. Bei uns waren es tatsächlich Witz und Humor gewesen.

Auf dem langen Spaziergang hin zu Herrn Jonathans Praxis dachte ich gewöhnlich darüber nach, was ich mit ihm besprechen wollte. Ich hatte den Eindruck gewonnen, dass er es lieber hatte, wenn ich schaute, was mir spontan in den Sinn kam. Ich dagegen hatte es lieber, nicht ganz so spontan zu sein. Also versuchte ich, entweder so zu tun, als sei mir das Thema spontan eingefallen, oder ich prüfte in einer Art Kompromiss, ob ich ganz spontan auf das vorbereitete Thema kommen würde. Nicht ganz ehrlich? Nun, man tut, was man kann.

An einem Morgen Ende März war das der Fall. Ich ging die Straßen entlang und setzte mich noch kurz ein Stückchen von der Praxis entfernt auf eine Bank. Aber mir fiel nichts ein. Mich beschäftigte zwar dieses und jenes, aber nichts wirklich Bedeutsames. Ich ahnte schon, was bei der Aussage, ich wisse nicht, worüber ich sprechen wolle, passieren würde. Herr Jonathan würde mich fragen, wie das für mich sei: »Und, ist das okay, nicht zu wissen, worüber Sie sprechen möchten?« Dann würde er versuchen, meine Aufmerksamkeit darauf zu lenken, wie sehr ich mich anstrengte, ihn zu unterhalten. Und darüber würde ich nicht mit ihm sprechen wollen. Schließlich würde ich, um diesem Thema aus dem Weg zu gehen, anfangen, über irgendetwas zu sprechen, ohne dass es mich wirklich interessierte. Und hinterher wäre ich frustriert über die unergiebige Stunde. So kostbare Zeit und ich hatte sie nicht genutzt.

Aufgeregt versuchte ich, doch noch eine stärkere gefühlsmäßige Beteiligung für irgendetwas in mir zu entdecken. Irgendetwas würde mir doch wohl einfallen. Mutter, Vater, die sieben Zwerge hinter den sieben Bergen … Verdammt, da hatte mir ein Jahr lang ständig etwas auf den Nägeln gebrannt und jetzt nichts. Ich hatte schon lange vorgehabt, über meinen Suizidversuch mit Herrn Jonathan zu sprechen, um auch dieses lose Ende noch zu verknoten, doch jetzt war ich dafür nicht in der richtigen Stimmung.

Nach all diesen Überlegungen hatte ich ziemliches Herzklopfen, als ich die Treppe zur Praxis hochstieg. Herr Jonathan erwartete mich an der Tür. Ich freute mich und zog gleichzeitig eine Grimasse, die er wohl nicht sah. Als wir uns gegenübersaßen, schwieg ich. Die ersten Minuten waren eh immer schwierig. Heute noch schwieriger. Ich lächelte unsicher, rückte auf meinem Sessel hin und her, sagte ein paar Mal: »Äh, tja, also eigentlich …« Pause. Seufzen. Ich beobachtete mich selbst und fand mich lächerlich.

Schließlich erzählte ich von meiner Mühe, heute ein Thema zu finden. Von meiner Aufregung. Es kam, wie es kommen musste.

»Und wäre es okay, auch einfach nur da zu sein? Hier in diesem Augenblick?«

Tja. Fragend schaute ich ihn an: »Und dann?«

»Dann kommen zum Beispiel Fragen hoch wie ›und dann?‹.«

Hallo?! Ich wollte das Beste aus der Stunde machen, fühlte aber lediglich Unsicherheit. Anspannung. Unwohlsein. Das war doch blöd. Also wand ich mich aus der Situation, zog eine Augenbraue hoch und schüttelte skeptisch den Kopf.

»Sieht aus, als hätten Sie auch hier ganz bestimmte Erwartungen an sich. Dass Sie hier etwas leisten müssen.«

Ach, jetzt nicht das. Darauf hatte ich keine Lust. Außerdem stimmte das nicht ganz. Ich wollte nichts leisten. Ich wollte nur nicht frustriert hier weggehen.

»Nee, ich möchte einfach … Also, wenn ich nach der Stunde hier rausgehe, möchte ich mich irgendwie gut fühlen.«

»Was müssten Sie tun, damit Sie sich hinterher gut fühlen?«

»Keine Ahnung. Ich weiß gar nicht, ob ich da etwas dafür tun kann. Ich bin ja nicht alleine hier. Dann hätte ich das in der Hand. Aber Sie sind ja auch noch da.«

»Und wie können Sie mich dazu bringen, dass ich mich so verhalte, dass Sie sich hinterher gut fühlen?«

Ich stöhnte innerlich auf. Er erwartete ja jetzt wohl nicht ernsthaft, dass ich ihm das sagte. Dann müsste ich ja zugeben, dass ich versuchte, ihn zu beeinflussen. Und dachte er wirklich, ich würde ihm sagen, wie ich das versuchte? Man verrät doch nicht seine Tricks, Herr Jonathan! Ich konnte mir schon denken, dass das dann heikel werden würde. Ich wich aus. Erst einmal dreist leugnen.

»Ach. Sie machen meist eh nicht, was ich erwarte. Das habe ich aufgegeben.«

Teilweise stimmte das sogar. Er reagierte immer anders, als ich wollte. »Und wie würde es sich anfühlen, wenn Sie sich nach der Stunde gut fühlen würden?«

Ich zog eine Grimasse. Seufzte. Das war jetzt aber zu intim, Herr Jonathan.

Ich tat mir selbst leid. Einerseits wusste ich, dass er das Thema höchstwahrscheinlich fallen lassen würde, wenn ich mich weiter sträubte. Er war selten hartnäckig. Andererseits fand ich es jetzt schon interessant. Nur wollte ich lieber nicht über all das sprechen müssen. Ich war kurz davor, mich mit einem »irgendwie entspannt« herauszureden – oder alternativ mit »Sie glauben ja wohl nicht im Ernst, dass ich das jetzt sage«.

Herr Jonathan unterbrach meine Gedanken: »Vielleicht ist das jetzt auch gar nicht Ihr Thema. Vielleicht sind Sie gedanklich gerade ganz woanders.«

Er schaute mich fragend an und ich musste fast lachen. Wo sollte ich sonst sein? Wenn etwas anderes mein Thema gewesen wäre, säße ich jetzt nicht hier und stotterte. Offensichtlich war das hier mein Thema, ich wusste nur noch nicht, wie ich das sagen wollte.

Er deutete das falsch und meinte: »Ich möchte Ihnen hier einfach deutlich machen, dass Sie den Raum haben. Sie können das bestimmen.«

Dumm gelaufen. Wenn ich das Thema jetzt abtat, hätte ich tatsächlich eine Chance verspielt. Das wollte ich mir selbst dann auch wieder nicht vorhalten müssen. Verdammt. Noch ein wenig Selbstmitleid, dann überwand ich mich.

»Nein … Also … Warum ich gezögert habe … Ich weiß selbst, dass das blöd oder irgendwie … «

Ich kniff die Augen zusammen. Diese ständigen Entschuldigungsversuche gingen mir selbst auf die Nerven. Ich stellte mir vor, wie Herr Jonathan mit den Augen rollte. Recht hatte er. Ich holte Luft.

»Also, ich würde mich gut fühlen, wenn ich das Gefühl hätte, Sie mögen mich. Es ist mir fast egal, worüber wir hier sprechen, solange ich hier rauskomme und denke, dass Sie mich mögen.«

So, jetzt war es gesagt. Heraus in der Welt. Ich fühlte mich jämmerlich. Mir war ein wenig übel.

Er war begeistert. Vielleicht klatschte er sogar in die Hände. »Das war endlich eindeutig.«

Ich war erleichtert. Andererseits überlegte ich nun, ob es beschämend war, dass er sich über so eine winzige Aussage von mir so freute. Viel mehr schien er von mir nicht zu erwarten. Ach, was soll's, dachte ich und war glücklich.

»Sie wissen schon, dass ich Sie jetzt erschießen muss. Das war eine Geheiminformation.« Ich lächelte ihn an.

Er erklärte, es würde mir nicht helfen, wenn er mir jetzt sage, ob er mich möge. Ich würde es eh nicht glauben können und müsse es selbst spüren. Hm. Versuchen hätte er es ja schon können. Ich wäre bereit gewesen, das Risiko einzugehen.

Mein Umzug stand an. Trotz eines gerüttelten Maßes Erfahrung mit inzwischen acht Umzügen und meiner Vorfreude auf das Leben in der neuen Stadt konnte ich mich nicht aufraffen, die notwendigen Vorbereitungen zu treffen. Ich war wie gelähmt und schob das Kistenpacken bis zum letzten Tag vor mir her. In der Nacht wachte ich gegen zwei Uhr mit einem Schreckensschrei auf und klappte dann im Bad mit Übelkeit und Schwindel zusammen. Ich hätte gar nicht vermutet, dass mir dieser Schritt so viel Angst machen würde, aber ich verband ja auch allerhand Hoffnungen mit diesem neuen Leben – von denen sich bereits in den folgenden Wochen viele erfüllten. Manchmal hatte ich ein Gefühl, das ich in meiner Kirchenmitgliedszeit sicher als »heilig« bezeichnet hätte. Ich wachte auf und hätte gerne gebetet und Gott um seinen Segen für diesen Neubeginn gebeten. Ich unternahm viel und lernte schnell neue Leute kennen.

Gleich nach dem Umzug wollte ich mit dem zweiten Teil meiner Weiterbildung zur Psychotherapeutin beginnen. Nach dem Praktikum in der Rehaklinik und der theoretischen Grundausbildung in den Seminaren an den Wochenenden würde ich nun anfangen, ambulant in einer Lehrpraxis eigene Patienten zu behandeln. Meine »Fälle« würde ich zwar regelmäßig mit meinen Supervisoren besprechen, aber ansonsten selbständig arbeiten. In den Wochen vor dem Beginn meiner ambulanten Tätigkeit hatte ich mir viele Sorgen gemacht, ob ich inzwischen fachlich und persönlich tatsächlich in der Lage war, als Therapeutin tätig zu sein. Ich hatte Herrn Jonathan damit gedroht, jede Woche bei ihm zu weinen, wenn es nicht klappen sollte. Was, wenn sich nun herausstellte, dass ich eigentlich gar nichts begriffen hatte? Dass es kein Patient länger als eine Sitzung mit mir aushielt? Dass ich in Wirklichkeit völlig ratlos und inkompetent war? Was, wenn die Supervisoren, mit denen ich meine Behandlungen besprechen würde, die Hände über dem Kopf zusammenschlügen und meinten: »Frau Leonhardt, bitte überlegen Sie es sich noch mal. Möchten Sie nicht einen anderen Beruf ins Auge fassen? Vielleicht etwas Handwerkliches? Tischlerin?«

Doch innerhalb der ersten Wochen und Monate entspannte ich mich. Natürlich war ich unerfahren. Natürlich dachte ich oft: ›Hoppla, das ist ja interessant, da weiß ich gar nicht weiter.‹ Oder manchmal auch: ›O nein, o nein, o nein, ich weiß eigentlich gar nichts.‹ Natürlich lernte ich erst Schritt für Schritt, Therapieprozesse genauer zu verstehen. Und mühte mich damit, für meine Interventionen den richtigen Zeitpunkt und die richtigen Worte zu finden. Dachte manchmal hinterher: ›Verdammt, da hast du was nicht begriffen.‹ Und das hielt sich auch lange, lange.

Aber meistens fühlte ich mich der Aufgabe gewachsen. Ich konnte verstehen. Zumindest im Nachhinein in der Supervision. Ich war nicht mehr dumm. Nicht mehr blockiert wie in der PiA-Zeit. Lebte wieder in der wirklichen Welt. Ich hatte viel gelernt. Viel gelesen, aber auch viel in meiner eigenen Therapie erfahren.

Nun stand das wirkliche Ende der Therapie vor der Tür. Vielleicht noch ein, zwei Monate. Ich wusste es nicht genau. Aber es war Zeit, mit Herrn Jonathan darüber zu sprechen. Ich war vorbereitet. Eher zaghaft fragte ich ihn, wann der Termin sein würde. Bevor ich mir aber weiter darüber den Kopf zerbrechen konnte, fragte mich Herr Jonathan, ob ich die Therapie verlängern wolle. Ja, wollte ich.

Das war alles? Dafür die ganzen Gedanken vorher? Die Vorbereitung auf das Therapieende? An eine Verlängerung hatte ich natürlich schon gedacht, aber ich hätte eigentlich erwartet, dass da mehr Initiative von mir nötig gewesen wäre. Zumindest zu der Anfrage hätte ich mich doch durchringen müssen. Und dann grübeln und spüren und all die Wirrungen und Sorgen, die das Thema Therapieende oder -verlängerung beinhaltete, analysieren. Das hier war doch schließlich Tiefenpsychologie. Da ist nichts einfach. Alles wird hinterfragt. Doch Herr Jonathan gab mir nur einen Fragebogen und beantragte die Verlängerung bei der Krankenkasse.

Götterväter

FRÜHSOMMER 2003

Kaum hatten wir die Verlängerung beantragt, kam Kurt zu Besuch. Ich hatte ihn nicht eingeladen, er kam einfach hereinspaziert und ließ sich dick und breit auf meinem Sofa nieder. Wir kannten uns schon lange und ich war nicht erfreut über seinen Besuch. Ein großer, schwarzer Hund mit langem Fell und Hängeohren. Wohin ich auch ging, Kurt folgte mir. Äußerst anhänglich. Er trottete hinter mir her und maulte: Muss das jetzt sein? Ich hab keine Lust. Mir ist langweilig. Alles ist blöd.

Ja, meine Depression kam zurück. Kurt legte sich auf meine Beine, wenn ich auf dem Sofa lag, und es war unglaublich schwer, aufzustehen oder mich auch nur auf die andere Seite zu drehen. Alles machte er mies. An allem mäkelte er herum. Ständig wollte er das Fell gekrault haben, doch dann machte ich nichts richtig. Zu weit oben, zu weit links, zu weit rechts, zu fest, zu zart. Alles falsch. Ich versuchte, mich von seiner Laune nicht anstecken zu lassen, doch vergeblich. Es war so anstrengend. Also saßen wir lange Stunden gemeinsam auf dem Sofa und starrten in die Luft. Zum Glück hatte ich erst drei Patienten, denn natürlich kam er auch mit in die Praxis. Zwar verhielt er sich dort still, aber er lag deutlich missbilligend und mit griesgrämigem Blick in der Ecke hinter der Tür. Ich bat ihn zu gehen, überlegte, ob ich ihn einfach »aus Versehen« irgendwo verlieren könnte, und schließlich war ich kurz davor, ihn einfach aus dem Fenster zu werfen. Blöder Hund.

Ständig war ihm langweilig, doch wenn ich vorschlug, wir könnten gemeinsam etwas unternehmen, wollte er nur seine Ruhe haben. Und ich wollte nicht ruhig sein. Ich wollte aktiv sein, Freunde finden, ein neues Leben beginnen. Ins Kino gehen, ins Theater, den Psychologen-Stammtisch besuchen, im Park joggen und, und, und. Ich hatte Angst, Kurt würde wieder alles zerstören. Mit ihm an der Backe würde ich nichts davon schaffen. Ich beschwerte mich bei Herrn Jonathan. Blöder Hund. Ich kann ihn nicht leiden.

Natürlich wusste ich, dass Symptome eigentlich Lösungsversuche für innere Konflikte sind. Keine richtig guten, aber die bestmöglichen. Die Schwierigkeit besteht darin, dass der Konflikt nicht wirklich bewusst ist und daher auch nicht optimal gelöst werden kann. Bewusst will man also etwas anderes als unbewusst, und weil mit dem einen oder dem anderen sehr viel, meist ebenfalls unbewusste Angst verbunden ist, trifft man keine vernünftige Entscheidung, sondern arrangiert sich schließlich mit Kurt und seinen Artgenossen. Das hört sich theoretisch viel besser und plausibler an, als es sich praktisch anfühlt. Kurt war keine Lösung. Kurt war blöd. Ich mochte Kurt nicht. So anhänglich. So lähmend. So hinderlich bei allem, was ich wollte. So jemanden mochte niemand. Mich mochte so niemand.

Herr Jonathan meinte: »Sie können Kurt gerne bei mir in der Praxis in Obhut geben. Ich finde da schon ein Plätzchen für ihn. Allerdings bin ich skeptisch, ob Sie es lange ohne ihn aushalten.«

Bitte?! Natürlich hielt ich es ohne Kurt aus. Mir zu unterstellen, ich bräuchte Kurt! Aber ich war doch ein wenig gerührt, dass Herr Jonathan Kurt mit seinen Hundeaugen anscheinend gar nicht so unannehmbar fand. Ihm sogar Asyl in seiner Praxis anbot, sollte ich ihn nicht haben wollen.

Kurt blieb nicht bei Herrn Jonathan. Hatte ja auch keiner erwartet. Kaum war ich wieder zu Hause angekommen, scharrte es an meiner Tür, und als ich öffnete, schlängelte er sich an mir vorbei direkt auf das Sofa zu. Ich seufzte, beschloss, ein wenig nett zu ihm zu sein, quetschte mich neben ihn und kraulte ihm die Ohren. Er blieb noch zwei Tage und verschwand dann, ohne sich lang zu verabschieden. Irgendwann wollte ich mich träge umdrehen und rechnete schon mit ziemlicher Mühsal, als ich plötzlich feststellte, dass sein Gewicht auf meinen Beinen weg war. Ich sah mich um. Vielleicht hatte er sich in eine Ecke verzogen. Aber auch die drückende Stimmung, die er wie eine süßlich-schwere Duftwolke mit sich herumgetragen hatte, war verschwunden. Ich atmete tief durch und freute mich über die reine, klare Luft.

In der nächsten Therapiesitzung fragte ich Herrn Jonathan, ob er eine Erklärung dafür habe, warum es mir so plötzlich schlecht und dann wieder so plötzlich gut gehe. Er fragte mich, ob wir nicht noch einmal über meinen Kirchenaustritt sprechen sollten. Ich hätte damals ziemlich unbeteiligt davon erzählt.

Obwohl ich nicht wusste, wie er jetzt darauf kam, gab ich ihm recht. Ich hatte damals tatsächlich nicht genauer nachspüren wollen. Da war nur Ärger gewesen. Ich war offensichtlich nicht gut genug für meinen Himmlischen Vater, nun wollte ich nicht mehr glauben. Das war zu schmerzhaft. Zu anstrengend. Punkt.

Ich meinte, sicher sei es nicht für alle Menschen so schmerzhaft, in der Kirche zu sein. Viele empfänden anders als ich. Seien nicht so streng mit sich, wenn sie Gottes Liebe nicht spürten. Aber es stand doch in der Heiligen Schrift, und in den Predigten war auch immer davon die Rede: Wenn Menschen glaubten, sie würden all die Forderungen Gottes nicht erfüllen können, dann schenkte Gott ihnen die Kraft dazu.

Dann kamen sie mit drei Stunden Schlaf in der Nacht aus. Oder konnten alle Menschen lieben. Oder spürten Gottes Frieden inmitten von größtem Unheil. Ich brauchte viel mehr Schlaf. Ich liebte bei weitem nicht alle Menschen. Und ich spürte Gottes Frieden nicht. Obwohl ich darum bat. Obwohl ich daran glaubte. Wohl nicht genug. Der Himmlische Vater, der alle Menschen liebt und ihnen die Hand reicht, wenn sie sie nur ergreifen wollen, fand mich ungenügend. Dann war er mir auch egal.

Nur manchmal spürte ich mein wehes Herz. Mein Himmlischer Vater war im Grunde mehr mein Vater gewesen als mein leiblicher, und nun wandte ich mich von ihm ab. Herr Jonathan meinte: »Das klingt, als seien Sie enttäuscht von ihm. Wie Sie auch von Ihrem Vater enttäuscht sind. Vielleicht hätten Sie etwas Besseres von ihnen erwartet.«

In mir explodierte etwas. Nein. Ich war nicht enttäuscht. Ich hatte nichts erwartet. Schon gar nicht von meinem Vater. Ich wusste doch, wie er war. Hatte ihn noch nie gemocht. Er mich ja auch nicht. Und Gott. Ich war nicht enttäuscht. Er war mir egal. Sollte er doch weiter in seinem Himmel sein. Ich glaubte nicht mehr an ihn. Von jemandem, der so ist, will ich nichts. Wie konnte Herr Jonathan mir nur unterstellen, dass ich mehr wollte. Immer dachte er, ich wollte mehr, mehr, mehr. Sah mich als gierigen Frosch mit langer, klebriger Zunge. Wahrscheinlich war er des ewigen Jammerns müde. Ich wusste, ich hörte mich nölend, ätzend, gekränkt an, wenn ich über die Kirche sprach. Mochte mich dann selbst nicht. Aber ich erhoffte nichts, erwartete nichts, wollte nichts. Ich war nur wütend. Wütend. Wütend. Da war er wieder, der Elefant.

In meinem Kopf formte sich eine riesige graue Wand. Ich konnte nur noch »Ich möchte jetzt gehen« sagen. Aber die Stunde war eh zu Ende. Wir vereinbarten einen Termin für die nächste Woche und ich ging in einer Wolke aus Schmetterlingen. Zog mich in mich selbst zurück. Mit all der Wut musste ich jetzt allein sein.

Im Treppenhaus setzte ich mich auf die Stufen. Mein Herz schmerzte. Jetzt wünschte ich mir, Herr Jonathan käme hinter mir her. Würde die Wut in mir besänftigen. Mich trösten. Doch woher sollte er das wissen? Warum hatte ich nichts gesagt? Stattdessen war ich weggelaufen und tat mir nun selbst leid. Die Wut war weg und übrig blieb nur Elend. Hier draußen lag ein kleines Baby auf den Stufen und weinte. Der Kreis, von dem Herr Jonathan damals gesprochen hatte, war geschlossen. Mein Rückzug führte dazu, dass ich allein blieb und so meine Sehnsucht nicht gestillt wurde. Dann kam wieder die Wut über die Frustration und so weiter und so fort. Ich verstand, dass ich einen Weg finden musste, mich nicht zurückzuziehen, sondern irgendwie meine Angst, Scham und Wut zu äußern, um letztendlich getröstet werden zu können. Nachdem ich das verstanden hatte, konnte ich mich in den nächsten Wochen überwinden, in einer ähnlichen Situation Herrn Jonathan zu bitten, ein wenig länger bleiben zu dürfen, damit ich mich beruhigen konnte. Meine Sehnsucht konnte gestillt werden, weil ich nicht flüchtete. Die Schmetterlinge waren tatsächlich keine Lösung. Sie hielten nur den Teufelskreis am Laufen. Den depressiven Teufelskreis.

16.06.2003

Hallo Herr Jonathan,

so, das war ja anstrengend heute. Manchmal will ich Sie einfach nur schlagen. In den letzten Minuten hat uns wohl eine Welle der Wut überrannt, die auf mich und auch auf Sie übergeschwappt ist. Auf einmal hatte ich das Gefühl, Sie würden sagen: Sie sind dämlich und blöd (kurz gefasst). Und ich dachte: Verdammter Mist! Ich bin dämlich und blöd. Warum bin ich nur so?! Ich hasste Sie, weil Sie mir nicht halfen. Warum lassen

Sie mich im Stich? Kein Wunder, ich bin zu blöd. Das lief wie eine Endlosschleife. Und ich war wütend auf Sie und auf mich und auf den Vater im Himmel und auf meinen Vater.

Natürlich war es nicht wahr, dass ich von meinem Vater gar nicht erwartet hätte, dass er »besser« ist – dass er redet, mir »vergibt«, zu mir kommt. Früher, mit fünf, sechs, sieben Jahren hab ich oft stundenlang gewartet, wenn wir uns gestritten hatten, und ich weinte und flehte, dass er kommt. Ich hab immer nur gewartet. Als ich heute ging, hatte ich den Impuls, mich auf Ihre Treppe zu setzen und zu warten. Und habe ihm nachgegeben.

Ich erinnerte mich an das Wüten und das Weinen meiner Kindheit. Je länger ich weinend auf meinen Vater wartete, desto mehr schämte ich mich. Sowohl wegen meiner Wut als auch wegen meiner Tränen, meiner Verzweiflung. Da er nie kam, dachte ich, dass ich samt Wut, Hass, Traurigkeit, Sehnsucht und Verzweiflung völlig unangemessen, falsch und unannehmbar war. Schließlich schlief ich weinend ein, und wenn ich aufwachte, versuchte ich zu vergessen, wie abscheulich ich mich aufgeführt hatte. Meine Mutter ignorierte diese Episoden völlig. Ich wusste nicht, warum, und dachte, auch sie würde mein Verhalten und meine Gefühle beschämend finden. Noch jetzt war das Gefühl der Scham so stark, dass ich Herrn Jonathan nicht davon erzählte. Und dabei hatte ich mir in der Reha doch selbst versprochen, dass ich mich nie wieder für das kleine Mädchen in mir schämen würde.

In den nächsten Stunden redeten wir über Gott und meinen Vater. Ich brachte meine Heiligen Schriften mit und erzählte Herrn Jonathan von dem Himmlischen Vater, den ich geliebt hatte. Dem Gott, der weinte, weil es ihm das Herz brach zu sehen, wie seine Menschenkinder litten, wenn sie nicht dazu imstande waren, sich an seine Gebote zu halten. Die Gebote, die er ihnen, nach dem Glauben der Mormonen, in seiner Weisheit gab, damit sie Frieden, Liebe und Hoffnung finden konnten. Ich erzählte von dem Gott der Barmherzigkeit. Dem Gott der Liebe. Ich wünschte mir so sehr, ich könnte genügend an ihn glauben, damit er auch mich liebte. Aber ich konnte mich nicht mehr anstrengen. Und in den Heiligen Schriften stand es ganz klar: Er hasste die unbelehrbaren Sünder. Die kamen in die Hölle, und wenn sie dann immer noch nicht umkehrten, wurden sie aus seiner Gegenwart verbannt. Wie passte das zusammen? Ein Gott, der scheinbar alle liebte, die sich auch nur ein kleines bisschen anstrengten, und der dann doch immer wieder mit Strafe drohte?

Herr Jonathan meinte, dass dieser Gott eigentlich kümmerlich sei. Sehr begrenzt in seiner Liebe.

Aber verstand er denn nicht: Nicht Gott war begrenzt in seiner Liebe. Gott liebte alle, die zumindest versuchten zu glauben. Aber ich schaffte offensichtlich nicht mal das. Ich hatte so wenig Glauben, dass selbst dieser unglaublich liebevolle Gott nicht barmherzig mit mir sein konnte. Sonst könnte ich doch seine Liebe spüren. Das hatte er verheißen. Ich war das Monster im Kindergarten Gottes.

Ich wollte kein Monster mehr sein. Und doch sehnte ich mich immer noch nach seiner Liebe. Nach seinem Trost. Ich weinte.

Als ich mich wieder beruhigt hatte, sagte Herr Jonathan:

»Mir scheint, Ihr Bild von diesem Gott ähnelt der Beziehung zu Ihrem Vater.«

Ich protestierte innerlich. Ich übertrug doch die Beziehung zu meinem Vater nicht auf Gott. Gott *war* so. Das stand in der Heiligen Schrift. Ich bildete mir das doch nicht ein.

»Sie sind von beiden enttäuscht. Sie hätten sich mehr gewünscht.«

»Mein Vater ist ganz anders. Ich glaube, er hat mich nie geliebt. So, wie ich bin. Er kennt mich gar nicht. Ich glaube, er liebt nur ein abstraktes Bild von mir als seiner Tochter. Aber nicht mich. Alles, was mich ausmacht, hasst er. Er findet mich zu aggressiv. Zu dominant. Ich rede zu viel. Sobald wir uns sehen, streiten wir. Über alles.« Meine Stimme klang schon wieder ätzend.

»Welches Bild von Ihnen?«

»Ich als seine Tochter und er als Vater von fünf Kindern. Er ist schon stolz auf mich. Prahlt bei seinen Arbeitskollegen mit mir. Als ich überlegt habe zu promovieren, fand er das toll. Aber das hat nichts mit mir zu tun. Na ja, doch, aber nicht mit dem, was mich wirklich beschäftigt.«

»Klingt danach, als sähe Ihr Vater eigentlich nur sich selbst. Oder seine Vorstellungen, Wünsche, Träume. Auch in Ihnen.«

»Ach, er ist schon auch für mich da. Als ich krank war, hat er meine Mutter oft zu mir gefahren. Er würde mir immer helfen. Irgendwie bemüht er sich. Er möchte ja ein guter Vater sein, so wie ich eine gute Tochter sein möchte. Das verbindet uns schon. Und auch das Wissen, dass ich immer seine Tochter sein werde und er immer mein Vater ist. Er tut mir auch leid. Ich wünschte, ich würde nicht immer so ätzend zu ihm sein. Meine Schwester bekommt das viel besser hin, sie ist einfach freundlich zu ihm und er ist freundlich zu ihr. Aber ich kann nicht anders. Nicht diesem Bild entsprechen. Das ist ungerecht, denn für meine Mutter kann ich es ja schließlich auch. Freundlich sein. Nicht immer gleich draufhauen. Ich glaube, deswegen ist er auch so eifersüchtig auf uns.«

Ich fühlte mich traurig, hoffnungslos, resigniert. Warum konnte ich mich nicht mehr anstrengen, um die Beziehung zu meinem Vater zu verbessern? Vielleicht sollte ich ihn heute Nachmittag anrufen?

Herr Jonathan machte mich auf den Stimmungswechsel aufmerksam. »Gerade noch waren Sie wütend und jetzt erlebe ich Sie eher traurig.«

Ich zuckte die Schultern. Wie sollte ich mich in so einer Situation anders als resigniert und hoffnungslos fühlen? Ich konnte und wollte doch nicht ständig wütend sein. Das Gefühl fraß mich von innen auf. Besser einfach aufgeben. Nicht darauf hoffen, dass sich etwas ändert. Vielleicht sollte ich nicht ständig versuchen, den anderen zu verändern.

In der nächsten Woche rief mein Vater an. Einfach nur so. Ich gab mir Mühe. Er sich auch.

Ich erzählte Herrn Jonathan davon.

»Da habe ich mich wirklich gefreut. Das Gespräch war gut. Er hat mir richtig zugehört. Sogar ganz ›vernünftig‹ reagiert. Einmal hat er einen Witz gemacht. Ich darf eben nicht zu viel von ihm verlangen. Manchmal denke ich, ich müsste es ihm einfach aufschreiben: Wenn ich das und das sage, dann sagst du das und das. Ich glaube, er kann sich einfach gar nicht in andere Menschen hineinversetzen.«

Ich war stolz auf mich, dass wir das so gut hinbekommen hatten. Herr Jonathan war ziemlich still.

»Ich weiß nicht, wie es weitergeht mit meinem Vater und mir. Wenn meine Eltern sich jetzt trennen. Ich weiß nicht mal, ob ich meinen Vater dann noch besuchen werde. Manchmal mache ich mir Sorgen, weil er dann ganz allein dasteht. Keine Freunde, keine Hobbys. Ob meine Geschwister ihn dann besuchen kommen? Er war schon ziemlich gemein zu meinem Bruder. Warum muss er immer so gemein sein? Warum muss er nur alle vertreiben?«

Ich erzählte von einigen Erlebnissen mit meinem Vater, bei denen er andere Menschen sehr gekränkt und verletzt hatte. Von seinen Anschuldigungen. Dass er sich ständig als Opfer fühlte, ohne zu merken, dass er sich selbst in diese Position hineinmanövrierte. Von meinen Schuldgefühlen und der Wut, die das Verhalten bei mir auslösten.

»Er sagt immer: ›Warum habt ihr das und das getan?‹ Und dann ist das schon fast lustig, jedenfalls wenn ich gut drauf bin. Ich sag dann: ›Nur um dich zu ärgern, Papa.‹ Genau das ist es nämlich, was er vermutet. Auf die Idee, dass wir unsere eigenen Gründe und Bedürfnisse haben, die nichts mit ihm zu tun haben, kommt er gar nicht. Aber ich bin halt nicht immer lustig drauf. Und dann werde ich wütend und hab hinterher Schuldgefühle, weil ich ihn so angemotzt habe.«

Ja, ich war bitter.

Herr Jonathan meinte: »Ich habe das Gefühl, wenn ich da jetzt einsteigen würde, würden Sie mir gleich von der anderen Seite Ihres Vaters erzählen. Sobald ich etwas sage, scheint das Bild, das Sie von Ihrem Vater haben, zu kippen.«

»Ja, aber so ist das doch auch. Er ist ja nicht nur schlecht. Er bemüht sich doch auch. Ich hab dann immer Mitleid mit ihm.«

»Hmm. Das ist jetzt die andere Seite.«

»Aber die gibt es halt auch.«

Ich wusste, worauf das hinauslief. Herr Jonathan sprach von Spaltung. Guter Papa, böser Papa. Ein, nun ja, primitiver Abwehrmechanismus. Kein schöner Ausdruck.

Abwehrmechanismen sind Notlösungen, zu denen wir greifen, wenn wir Probleme im Leben anders nicht bewältigen können. Dann »vergisst« man Dinge, die einem Angst machen, oder aber man verleugnet ganz plump die Realität oder »findet Gründe« für recht widersinniges Verhalten oder malt wilde Bilder, anstatt ein wildes Leben zu führen. Manche Abwehrmechanismen sind eleganter, manche etwas durchschaubarer.

Herr Jonathan behauptete also, dass ich meinen guten von meinem bösen Papa trennte. Das theoretische Prinzip, das dahintersteckt, ist jedenfalls folgendes: Kinder machen gute und schlechte Erfahrungen mit ihren Eltern. Diese verschiedenen Erfahrungen werden normalerweise zu einem ganzheitlichen Bild verwebt. Doch manchmal klappt das aus irgendwelchen Gründen nicht. Dann bleiben beide Bilder voneinander getrennt und abgespalten. Papa ist dann mal gut und mal schlecht und beide Seiten stehen unverbunden nebeneinander.

Man kann sich das so vorstellen: Man möchte eine Wand neu streichen und hat weiße und schwarze Farbe. Keine der beiden Farben allein reicht für die Wand. Nun zieht man in Erwägung, die Farben zu mischen. Grau wäre edel. Ist aber mehr Schwarz als Weiß vorhanden, läuft man Gefahr, dass das Weiß geschluckt wird. Die einzige Möglichkeit besteht dann darin, die Farben getrennt voneinander zu verwenden. Sozusagen als Notlösung. Man entscheidet sich also für Streifen und starrt die nächsten Jahre gebannt auf eine Zebrawand. War die nun eher schwarz mit weißen Streifen oder weiß mit schwarzen Streifen?

Herr Jonathan stellte fest, dass sich meine Meinung zu dieser Streitfrage ständig änderte, je nachdem, ob er gerade »weiß« oder »schwarz« sagte. Ich musste zugeben, dass auch ich manchmal verwirrt war. Doch was sollte ich mit meiner Zebrawand machen? Wände kann man überstreichen, aber Väter? Ich war ratlos.

26.06.2003

Hi Herr Jonathan,

gerade fühle ich mich ziemlich einsam. Nur so und nicht sehr schlimm, aber Sie fehlen mir. Meine Streitlust vom Dienstag reut mich, macht mich unsicher. Ich frage mich, was Sie über mich denken. Finden Sie mich oberflächlich, dumm, naiv, spaltend, anstrengend, dämlich, nervig, maskenhaft, ohne Charakter, langweilig, ermüdend, untherapierbar, un…??

Jetzt wünschte ich, ich hätte das nicht geschrieben. Ich möchte nicht jemand sein, der so etwas denkt. Ich möchte besser sein, positiver, gefestigter. Vielleicht hätte ich mich nie so zeigen sollen. Dieses kindische Draufhauen, wenn's mir nicht passt, das naiv Beglückte, das völlig Überzogene. Was mögen Sie von mir denken? Keine Tiefe, ständiges Beleidigtsein. Gar keine Lust, mich anzustrengen. Nur Herumsauen im wohligen Beziehungsclinch. Mich zumuten. Batsch. Doch wie lange halten Sie das aus? Ich versuche, mich zusammenzureißen.

Wenn ich zu Hause bin, erstelle ich Listen von Einsichten, die ich Ihnen präsentieren kann. Damit Sie nicht denken, ich bin völlig blöd. Vielleicht können Sie sogar ein wenig stolz sein oder beeindruckt. Doch dann, auf dem Weg zu Ihnen, bricht die ungezügelte Stimmung durch. Alles ist wie weggefegt. (…)

Ich bin übrigens schwierig, und das ist auch gut so.

In einer der nächsten Stunden erwähnte Herr Jonathan einen Buchtitel, der ihm in den Sinn gekommen war, als ich versuchte, ihm meine Haltung meinem Vater gegenüber zu schildern: ›Ich hasse dich, verlass mich nicht‹.

Ich dachte darüber nach. Genau das wünschte ich mir von meinem Vater. Er sollte mich aushalten. Mich trotz allem lieben. Er war doch der Vater. Der Große. Der Erwachsene. So war es mit Herrn Murisch gewesen, und ab und zu stritt ich mich auch mit Herrn Jonathan, um zu spüren, dass er mich trotzdem mochte.

»Manchmal stelle ich mir vor, ich schlage meinen Vater.«

Ich schämte mich ein wenig für diese Phantasie.

»Und dann?«

»Na, das würde ich natürlich nicht machen. Ich bin ja viel schwächer. Und kleiner.«

Ich machte einen Rückzieher. Über meinen Wunsch, dann liebevoll festgehalten zu werden, wollte ich keinesfalls sprechen.

»Wie würde Ihr Vater reagieren?«

Ich versuchte, es mir vorzustellen. Es fiel mir schwer, deutliche Bilder zu finden. Vielleicht wäre er gereizt oder würde anfangen, mich zu kitzeln, ohne dass ich mich wehren könnte. Sicher würde er mich nicht verstehen.

»Vermutlich würde er einfach gehen.«

Meine vorher lustvoll ärgerliche Stimmung kippte in ein Gefühl ohnmächtiger Wut, von dem ich mich schnell zu distanzieren versuchte. Ich war frustriert. Was sollte das, darüber nachzudenken?

Der Satz »Ich hasse dich, verlass mich nicht« beschäftigte mich auch in den nächsten Wochen. Herr Jonathan hätte ihn kaum ausgesprochen, wenn er ihn nicht problematisch gefunden hätte. In der Regel konzentrieren sich Therapeuten schließlich nicht auf die unproblematischen Punkte. Leider. Aber hätte er mir dann nicht auch sagen können, was er so problematisch daran fand? Manchmal hatte ich das Gefühl, er überschätzte mich ziemlich. Was machten andere Patienten, wenn er ihnen sagte: »Sie hassen also Ihren Vater, wünschen sich aber, er möge Sie nicht verlassen.« Antworteten die dann: »Aha. Ach so ist das! Hurra. Dass ich da nicht vorher draufgekommen bin. Gut, dass Sie mir das sagen.«

Ich dachte nur: ›Und??? Genau so will ich´s. Finde ich völlig plausibel.‹

Mein Vater kam zu Besuch, um mir beim Anbringen einiger Hängeschränke zu helfen, und nach zwei Stunden dachte ich darüber nach, ihn in der Stadt auszusetzen. Warum half mir nur dieser anscheinend sehr bedeutsame Satz nicht?

Ich beobachtete die Väter in der Fußgängerzone. War tierisch eifersüchtig. Einige schienen ihre Kinder ehrlich gern zu haben. Ich streckte ihnen in Gedanken die Zunge raus.

Und dann fiel es mir plötzlich auf. Es musste schon ziemlich anstrengend sein, mit dieser Hassliebe umzugehen. Eigentlich ganz schön viel, was ich da von meinem Vater forderte. Hü und hott gleichzeitig. Herr Jonathan blieb ja immer recht gelassen, wenn ich mit ihm streiten wollte. Aber im wirklichen Leben war so viel Hin- und Hergerissensein sicher kaum auszuhalten.

In der nächsten Stunde sprach ich mit Herrn Jonathan über mein Aha-Erlebnis.

»Manchmal bin ich unglaublich wütend auf meinen Vater, dabei möchte ich nur, dass er das aushält. Aber ich weiß: Das ist schon ein bisschen viel verlangt.«

»Nein, gar nicht.«

Ich sah ihn erstaunt an. »Doch, natürlich, jedenfalls als Erwachsene. Als Kind nicht. Das ist mir schon klar. Aber ich merke, dass ich das auch mit anderen Männern so mache.« Ich dachte da unter anderem an Herrn Murisch.

Er nickte. »Und was macht Sie so wütend?«

Ich versuchte, mich an das Gefühl zu erinnern, und spürte, wie ich stattdessen traurig wurde.

»Ich wünschte, er wäre anders. Er denkt, er wäre ein guter Vater, und er versucht auch, sein Bild von einem guten Vater zu erfüllen. Dann tätschelt er mir zum Beispiel den Kopf. Hallo?! Ich hasse es, wenn man mir den Kopf tätschelt. Und er merkt das nicht. Er weiß gar nicht, wer ich bin und was ich mag. Er liebt nicht mich, sondern spielt nur die Vaterrolle. Er ist kein wirklicher Papa, dem ich am Herzen liege.«

Meine Stimme klang weinerlich. Das mochte ich zwar nicht, aber mir war auch ein wenig nach Weinen zumute.

»Es hört sich so an, als seien Sie enttäuscht, dass Ihr Vater gar nicht dem Bild entspricht, das er von sich hat. Von dem er auch wünscht, dass Sie das in sich tragen. Er ist nicht so ideal, wie er gerne wäre. Das ist ja normal. Irgendwann fällt einem das immer bei den eigenen Eltern auf, dass die doch nicht ›die Größten und Besten‹ sind. Und Eltern haben dann die Aufgabe, das mit ihren Kindern durchzustehen. Es scheint, als wäre Ihrem Vater dieses ideale Bild von sich selbst so wichtig gewesen, dass er Sie nicht gut darin unterstützen konnte, dieses Bild aufzugeben und ein angemesseneres zu finden. Irgendwie halten Sie beide an dem Bild von dem idealen Vater fest und sind dann immer wieder enttäuscht von der Wirklichkeit.«

Ich dachte an Herrn Murisch. Bei ihm war ich auch so wütend geworden. War ich vielleicht enttäuscht, weil er nicht so gut war, wie ich ihn gewollt hatte? Wie er sich auch selbst sah?

»Ich glaube, ich habe das Gefühl, getäuscht zu werden. Dass mein Vater oder Herr Murisch mir vortäuschen – oder sich selbst einbilden –, sie wären besser, als sie sind. Und das macht mich dann so wütend. Das möchte ich dann niedermachen. Ihnen die Maske vom Gesicht reißen. Sie so richtig kleinmachen, damit sie endlich erkennen, dass sie doch nicht so toll sind. Die sollen das einfach nur zugeben. Und mich nicht immer weiter täuschen. Damit ich nicht ständig enttäuscht bin.«

Ich lauschte dem Klang meiner Worte nach. Lauschte, ob die Gedanken sich ausgesprochen immer noch stimmig anfühlten.

Herr Jonathan sagte: »Eigentlich sollten die Männer das aushalten, wenn Sie sie auf ›normales Maß‹ zurückstutzen. Und es auch für Sie erträglich machen.« Ich fühlte mich unendlich müde.

Liebes(um)wege

Sommer 2003

Mein Nachbar sprach mich beim Treppenputzen an. Ob ich mit ihm ins Kino gehen wolle. Ich kannte ihn nicht und er wirkte ein wenig aufdringlich. Trotzdem sagte ich zu. Meine erste Verabredung seit Jahren. Mich hatte noch nie jemand beim Treppenputzen angesprochen. Ich fühlte mich plötzlich wie vierzehn. Unsicher, errötend, als müsste ich dringend mal an meinen Haarspitzen fummeln und leise kichern. Wie absurd. Wie aufregend. Ich erzählte Herrn Jonathan davon. Und war enttäuscht.

Er reagierte wie der Vater einer Vierzehnjährigen. Besorgt. Wie denn die Absichten des jungen Mannes seien? Welche Referenzen habe er denn vorzuweisen? Ob er auch aus gutem Hause stamme? Nein, jetzt übertreibe ich. Ein wenig.

Er machte klar, dass sich mein Nachbar Robin ein wenig distanzlos benommen hatte. Dass ich bei mir und meinen Wünschen bleiben solle. Dass ich »nein« sagen könne. Dass ich aktiv sein solle. Wählen könne. Als er dann auch noch mit seinen Töchtern anfing, die nicht mal halb so alt waren wie ich, war ich ernstlich gekränkt.

Ja, ich fühlte mich wie vierzehn. Ja, ich war ängstlich. Aber de facto war ich schließlich erwachsen. Ich konnte schon gut auf mich aufpassen. Hoffentlich. Jedenfalls wollte ich das von Herrn Jonathan hören. Es gefiel mir gar nicht, dass er mich wie eine Pubertierende behandelte. Ich war eine erwachsene Frau, verdammt noch mal, und so sollte er mich auch sehen.

Es tat mir immer leid, wenn ich so schnell gekränkt reagierte. Deswegen lenkte ich das Thema in eine allgemeinere Richtung.

»Ich weiß gar nicht, worüber ich mit Robin sprechen möchte. Wenn ich mit Männern zusammen bin, werde ich ganz komisch. Schrecklich. Ich verhalte mich dann wie das größte Klischee eines ›Weibchens‹. Rede über Autos und Fußball und allen möglichen Quatsch, der mich nicht interessiert. Ich finde mich dann selbst unmöglich, aber ich kann's nicht ändern. Es ist quälend. Ich weiß einfach nicht, wie man das richtig macht.«

»Vielleicht ist genau das das Problem: dass Sie denken, Sie müssten es richtig machen. Vielleicht sollten Sie einfach mehr Sie selbst sein. Ein bisschen mutiger sein.«

Nicht schon wieder das. Ich war doch mutig. Sah er gar nicht, wie sehr ich mich bemühte? Mich veränderte. Mich mehr traute. Was er vorschlug, war leichter gesagt als getan. Außerdem nicht sonderlich hilfreich. Wie sollte ich denn mehr ich sein? Mit Männern ging das einfach nicht.

»Ich spüre doch, dass ich etwas falsch mache. Sonst würde es längst besser klappen.«

Verdammt, er war doch ein Mann. Gerade hatte er eine halbe Stunde damit zugebracht, mir zu erklären, was ich bei der Verabredung beachten sollte. Konnte er mir dann nicht mal sagen, was ich anders machen musste, wenn ich mit Männern zusammen war?

»Ich kann Ihnen ja hier keine Flirt-Tipps geben. Ich glaube, das Einzige, was Sie ›falsch‹ machen«, er redete mit Anführungszeichen, »ist, dass Sie sich nicht trauen, Sie selbst zu sein.«

Ich stöhnte missmutig. »Das reicht nicht. In Ihrer Welt vielleicht. Aber nicht in meiner.«

Ja, das konnte ich mir schon vorstellen. Für ihn war die Welt in Ordnung. Er war nicht so merkwürdig wie ich. Sah gut aus. War intelligent. Lebendig. Witzig. Wahrscheinlich hatte er viele Freunde. Familie. Ich nicht. Ich redete zu viel, zu wenig, das Falsche. War zu lustig oder zu ernst. Auf alle Fälle zu unsicher und schwankte zwischen Schüchternheit und überbordendem Selbstbewusstsein. Es gab doch einen Grund, warum ich in Therapie war und wir gerade die Verlängerung beantragt hatten. Ich musste was an mir ändern.

Herr Jonathan sah ernst aus.

»Ich würde Ihnen gerne einen Satz sagen, wenn das okay ist. Er wirkt besser, wenn ich Sie dabei mit Ihrem Vornamen anrede.« Er sah mich fragend an.

Das hatte er schon ein paar Mal gesagt. Ich wusste, dass sich die Sätze für gewöhnlich schön und schmerzhaft zugleich anfühlten. Mein Magen zog sich ein wenig zusammen. Einerseits hatte ich keine Lust, mir diesen Schmerz wieder zuzumuten, andererseits wollte ich mir etwas Schönes nicht entgehen lassen. Ich rümpfte die Nase und nickte. Spannte ängstlich meinen Bauch an. Ich wusste, dass Herr Jonathan mich beobachtete, und wäre lieber mit den zu erwartenden Gefühlen allein gewesen. Es war mir unangenehm, nicht zu wissen, was kommen und wie ich darauf reagieren würde. Vorsichtig atmete ich einige Male ein und aus, schloss dann halb die Augen und signalisierte Herrn Jonathan, dass ich bereit sei.

Er sagte es langsam: »Du bist richtig, so wie du bist, Merle.«

Verdammt. Mir traten die Tränen in die Augen. Es schnürte mir die Kehle zu und ich musste würgen, als ich versuchte, durch die Tränen zu sprechen.

»Sie lügen. Es tut mir leid. Ich weiß eigentlich, dass Sie … Ich möchte Sie nicht kränken. Aber … Sie müssen lügen. Ich …«

Ich weinte hilflos.

Innerlich schmerzte alles, als ich erkannte, dass es mir leichter fiel, Herrn Jonathan als Lügner zu bezeichnen, als anzunehmen, dass ich ganz in Ordnung war. Vorsichtig erlaubte ich mir zu hoffen, dass er vielleicht doch nicht log.

14.07.2003

Ach, Herr Jonathan,

warum ist es manchmal nur so schwer? (...)

Ist mein Selbstwertgefühl, was Männer angeht, einfach besonders brüchig?? Bin ich enttäuscht, weil Sie eher sorgenvoll reagiert haben?? Oder habe ich das Gefühl, ich kann mich gar nicht genug anstrengen – und jetzt reicht mein Bemühen nicht mal bei Ihnen? Ich wünschte sehr, ich wäre anders. Ich kann Sie schon hören, Sie sagen, ich soll nicht anders sein, ich soll einfach ich sein. Aber dafür müsste ich anders sein. Sie verdrehen die Augen. Wahrscheinlich zu Recht.

Und jetzt gehen Sie in Urlaub. Sollen Sie. Ach, ich könnte weinen.

Sie möchten, dass ich aktiv werde, dass ich mutig bin, dass ich einfach lebe, mich nicht so lähmen lasse. Ich verstehe das. Das sollte ich sicher. Es würde helfen. Nur ... noch mutiger geht grad nicht. Sehen Sie nicht, wie sehr ich mich anstrenge? Wahrscheinlich wirkt es auf Sie kümmerlich.

So fühle ich mich jedenfalls. Mickrig.

Die nächste Stunde war der letzte Termin vor Herrn Jonathans Sommerurlaub. Ich erzählte von meinem Kränkungsgefühl.

Ich sagte: »Sie müssen mir nicht alles beibringen. Ich bin schließlich schon groß.«

Herr Jonathan sagte nichts. Na toll. Das war also seine Meinung.

Ich beschloss, nicht weiter darauf herumzureiten, und erzählte stattdessen von meiner Frustration über seinen Urlaub. Warum musste er eigentlich ständig in Urlaub fahren? Wusste er nicht, dass ich das nicht mochte? War ihm das egal? Ich überlegte laut, ob ich ihm zur Strafe nichts über meinen Kinobesuch mit Robin erzählen sollte. Tat's dann aber doch.

Es war enttäuschend gewesen. Einerseits jedenfalls. Robin war, so hatte sich bald herausgestellt, ziemlich am Ende. Scheidung. Kinder weg. Job weg. Alkohol. Doch andererseits war ich stolz auf mich. Ich war souverän gewesen. Bei mir geblieben. Kein »Weibchen« geworden. Der gekränkte Teil in mir wollte das Herrn Jonathan am liebsten vorenthalten. Er sollte sich nicht auch noch was auf seine Ratschläge einbilden.

Schließlich bat ich aber den gekränkten Teil in mir um Ruhe. Ich wollte schon gerne herausfinden, was mit mir und den Männern immer schieflief, und mich wohl oder übel mit meinem Nicht-erwachsen-Fühlen auseinandersetzen, ohne Herrn Jonathan jedes Mal böse anzusehen, wenn er etwas dazu sagte.

Warum fühlte ich mich so jung? Vierzehn. Da war ich magersüchtig geworden und Jungs waren kein Thema mehr. Später dann eine kurze, fast vergessene Beziehung zu einem Mitschüler, die abrupt endete, als ich mich nicht küssen lassen wollte. Virgin Lips. Als ungeküsste Jungfrau in die Ehe. Wie war das mit Männern und Frauen und Sexualität in meiner Familie, in der Kirche? Zweideutige Botschaften: Es ist gut, schön, das Wichtigste auf der Welt und gleichzeitig bedrohlich, fremd, voll von gegenseitiger subtiler Abwertung und Ablehnung.

Wir waren anders. »In der Welt, aber nicht von der Welt«, so hieß es in der Kirche. Und in der Familie zogen wir uns zurück. Wir brauchten keine Disco, keine Markenklamotten, keine Oberflächlichkeit, keine »unanständige« Musik. Wir gehörten nicht dazu. Fühlten uns dort nicht wohl. Gleichzeitig Scham und Stolz über die Ausgrenzung. Meine Eltern verboten nichts, doch ihre Zurückhaltung hielt auch uns zurück.

So sehr, dass ich sogar glaubte, ich wollte gar nichts anderes.

»Irgendwie wollte ich nie ausgehen. Oder auf Partys sein. Oder ›coole‹ Musik hören. Es war nicht so, dass ich das nicht *durfte.* Ich *wollte* es nicht.« Ich schämte mich, während ich davon sprach. Fühlte mich minderwertig. Unnormal. So wie damals.

Jetzt spürte ich plötzlich, dass ich viel mehr wollte, und fürchtete, mit meinen neuen Wünschen nicht in die fremde Welt zu passen. Dort nicht gut aufgenommen zu werden.

»Ich habe das Gefühl, ich laufe in der Welt herum und habe drei Arme. Ich bin anders. Gehöre nicht dazu. Nicht schlimm, aber irgendwie merkwürdig.«

Herr Jonathan meinte: »Eher scheint es mir so zu sein, als hätten alle Menschen drei Arme oder noch mehr, auch Sie. Ihnen aber hätten Ihre Eltern gesagt, Sie hätten nur zwei. Bisher haben Sie Ihren dritten Arm gar nicht bemerkt. Und jetzt kommt er Ihnen fremd und merkwürdig vor.«

Ich lachte erleichtert. Dann war ich also gar nicht merkwürdig, ich fühlte mich nur so, weil ich mir selbst so unbekannt geblieben war. Mein dritter Arm gefiel mir schon besser.

Ich vermute, die folgende Frage von Herrn Jonathan kam nicht wirklich so abrupt, wie ich sie jetzt schildere. Aber ich kann mich beim besten Willen nicht an die Überleitung erinnern. Mir fallen auch nicht viele Gelegenheiten ein, die sich anbieten, um so eine Frage zu stellen. Egal, mich traf sie jedenfalls absolut unvermittelt.

Er fragte: »Sind Sie eine sexuelle Frau?«

Bitte??!

Das ist eine der Fragen, auf die man sicher am besten antwortet: »Entschuldigung, ich habe Sie gerade nicht richtig verstanden, aber schauen Sie doch mal nach draußen, ist das Wetter nicht schön? Ich glaube, die Stunde ist um. Wir sehen uns dann nach Ihrem Urlaub.« Oder nie mehr.

Aber diese Antwort fiel mir nicht ein. Bin ich eine sexuelle Frau? Ja, nein, vielleicht. Was heißt das denn überhaupt? Woran merke ich das? Obwohl diese Fragen viel Angst bei mir auslösten, sehnte ich mich nach einer Beziehung und wollte dringend den Knoten entwirren, der sich da in mir gebildet hatte.

Ich sagte: »Ähm. Ja.« Und vermied weiteren Blickkontakt, um Herrn Jonathan nicht noch zu ermutigen.

Die Stunde endete glücklicherweise bald. Herr Jonathan fuhr in Urlaub und ich war nervös. Vier Tage lang grübelte ich: Bin ich eine sexuelle Frau? Plötzlich hatte ich das Gefühl, alle Männer in der Fußgängerzone starrten mich an, wenn ich durch die Stadt ging. Eines Abends rief ich nach dem Kino meine Mutter an, weil ich Angst hatte, allein in der Dunkelheit nach Hause zu gehen. Fürchtete, überfallen zu werden. Ich träumte wirr. Schließlich beschloss ich, mir einen Motorroller zu kaufen.

Sobald ich nämlich auf die Idee mit dem Roller gekommen war, konzentrierten sich meine Ängste schön auf dieses kleine, durchaus zu bewältigende Gefährt. Ich hatte noch nie einen Roller gehabt. Wälzte mehrere Tage lang die Frage, ob er pink oder weiß sein sollte. Beschäftigte mich dann mit Schutzkleidung. Kaufte mir einen Helm und eine gepolsterte Jacke, in der ich mich absolut lächerlich fühlte. Fragte mich, ob ich mich überhaupt trauen würde, den bestellten Roller zu fahren. Und, und, und. In der Nacht nach der Lieferung träumte ich von dutzenden riesigen Blutflecken, die die geplatzten Insekten auf seiner Vorderseite hinterließen.

Verschiebung heißt das in der Fachsprache. Ein Abwehrmechanismus, bei dem ein Gefühl (hier meine Angst) von einem Gedankeninhalt (Sexualität) auf etwas anderes (den Roller) verschoben wird. Möglichst auf etwas, das sich leichter vermeiden oder kontrollieren lässt. Roller lassen sich deutlich besser kontrollieren als Männer, und über Sexualität dachte ich nicht mehr nach, bis Herr Jonathan aus dem Urlaub kam.

Herr Jonathan kam zurück und ich war nervös. Ich wollte nicht direkt über Sexualität sprechen. Immerhin war er ein Mann, und das Thema war schon heikel genug. Aber ich wollte es auch nicht einfach so fallenlassen. Also erzählte ich von meinem Roller. Und von der Angst.

»Vielleicht ist es auch schwierig, darüber mit mir zu sprechen, weil ich ein Mann bin?«

Großer Gott, das würde ich nun ganz bestimmt nicht thematisieren. Darüber dachte ich lieber nicht einmal selbst genauer nach.

»Nein.« Glatte Lüge. »Aber ich habe darüber nachgedacht, was meine Eltern über Männer und Frauen und so denken.« Mit »und so« meinte ich Sexualität, wäre aber lieber gestorben, als das auszusprechen.

Ich erzählte Herrn Jonathan von den merkwürdigen Einstellungen meiner Eltern. Es wurde selten offen über Sexualität gesprochen und wenn, dann mit den Phrasen der Kirche: »Sexualität ist eine schöne und heilige Kraft und muss deswegen durch Gebote geschützt werden.« Oft wurde davor gewarnt, was alles passieren konnte, wenn diese Kraft einen »übermannt« und »man sich fast nicht wehren kann«. Denn Sexualität war natürlich nur innerhalb der Ehe erlaubt. Ansonsten wurde streng darauf geachtet, dass Mädchen und Jungs sich nicht zu nahe kamen. Ich ahnte, dass meine Mutter Sexualität schwierig fand. Mein Vater lachte über derbe Witze und hatte andererseits sehr prüde Moralvorstellungen. Einer meiner Brüder pflanzte die Büsche vor unserem Haus »in Tittenform«. Meine Schwester hielt sich die Ohren zu, sobald nur das Wort »Sex« fiel.

Mit keiner dieser Vorstellungen mochte ich mich nun

identifizieren. Weder die patriarchalische Sicht meines Vaters noch die Scheu meiner Mutter oder das pubertäre Verhalten meiner Geschwister schien mir angemessen. Mir kam das alles fremd vor, und doch wusste ich nicht, wo ich selbst stand.

Herr Jonathan fragte mich, ob er mir von einem Traum erzählen dürfe.

»Ich stehe in einem Gewölbe und beobachte zwei Gruppen von Menschen, die sich beide recht unpassend verhalten. Es besteht eine Trennung zwischen den Gruppen. Ich fühle mich unwohl und möchte zu keiner der Gruppen dazugehören.«

Ich war gerührt, dass Herr Jonathan mir etwas so Persönliches von sich erzählte, auch wenn ich nicht wusste, was der Traum für ihn bedeutete.

Ich sagte: »Wenn ich diesen Traum gehabt hätte, wäre ich Teil einer der beiden Gruppen gewesen und kein Beobachter. Gleichzeitig hätte ich mich unwohl dabei gefühlt. Ich hätte gemerkt, dass sich alle unangemessen verhalten, aber irgendwie wären sie mir nähergekommen. In mich eingedrungen. Es hätte keine Grenze gegeben zwischen mir und ihnen.«

Ich hatte die Einstellung meiner Eltern ja nicht einfach nur beobachtet. Irgendwie hatte ich sie übernommen, ohne dass ich mir dessen überhaupt bewusst gewesen wäre. Genau wie meine Mutter zog ich mich aus Beziehungen zu Männern schnell zurück, fühlte mich unwohl und schwankte zwischen Angst und Abwertung. So sehr, dass ich meine eigene Sexualität gar nicht richtig spürte. Ich hatte meinen »dritten Arm« nie bemerkt. Jetzt wünschte ich mir, ich hätte mehr ich selbst sein können.

Und mir fiel noch etwas anderes auf: Außer ihrer Einstellung zu Männern und Sexualität im Allgemeinen hatte ich von meiner Mutter auch etwas von ihrer Einstellung zu meinem Vater übernommen. Zusammen mit ihr hatte ich ihn ausgegrenzt. Neben uns hatte er keinen Platz. Und jetzt verhielt ich mich ähnlich, wenn ich mit meiner Mutter über die Therapie und Herrn Jonathan sprach.

»Manchmal wünschte ich mir, meine Mutter hätte es mir in größerem Umfang möglich gemacht, auch zu meinem Vater eine Beziehung zu haben. Auch über Sie denkt sie übrigens eher nichts Gutes. Sie fragt mich immer, ob Sie denn überhaupt hilfreich für mich sind.« Ich dachte kurz nach. »Obwohl. Ich fürchte, ich erzähle ihr auch nur etwas über Sie, wenn ich mich über Sie ärgere.«

Ich schlug etwas verschämt die Augen nieder, und Herr Jonathan lachte.

Die Stunde war zu Ende, und Herr Jonathan begleitete mich noch kurz nach unten, um sich meinen Roller anzusehen. Er bewunderte ihn gebührend, fragte nach dem Modell (das ich natürlich nicht wusste), streichelte zum Abschied den Lenker und meinte: »Pass gut auf Merle auf.«

Ich war ein zweites Mal gerührt.

An einem Abend der folgenden Woche sah ich mir mit Freundinnen im Freilichtkino einen Film an und schreckte irgendwann gegen Ende auf, weil mich eine Bewegung des Hauptdarstellers an Herrn Jonathan erinnerte und ich ihn plötzlich ziemlich sexy fand. Körperlich anziehend. Das war mir noch nie passiert. Nicht mit Herrn Jonathan. Aber auch nicht mit einem anderen Mann. Ich hatte Männer schon anziehend gefunden. Sympathisch. Liebenswert. Interessant. Aber ich hatte mich noch nie rein körperlich zu jemandem hingezogen gefühlt. Hatte mir noch nie gewünscht, jemanden zu berühren oder von jemandem berührt zu werden. Ich war zugleich aufgeregt und schockiert.

In den nächsten Tagen dachte ich nicht weiter daran. Gar nicht. Ich dachte nicht mal daran, dass ich nicht daran denken wollte. Noch ein Abwehrmechanismus. Verdrängung.

Bald hatte ich sie alle durch. Auch in der nächsten Therapiestunde fiel es mir nicht wieder ein. Genauer gesagt, fiel mir gar nichts ein, worüber ich gerne sprechen wollte. Die Stunde dümpelte so vor sich hin.

Als ich hinterher frustriert darüber nachdachte, erinnerte ich mich an die Begrüßungsszene. Ich war die Treppe hochgestiegen, Herr Jonathan wartete wie immer an der Tür. Ich sah nach oben und seine Silhouette erinnerte mich plötzlich an die Szene aus dem Film. Und mit dem Bild waren auch die gleichen Gefühle wieder da. Körperliche Anziehung. Ich hatte mich ziemlich erschreckt. Aber auch daran hatte ich in der Stunde gar nicht mehr gedacht. Zum Glück! Das wäre ja … Ach, ich wusste gar nicht, was das wäre. Schrecklich. Peinlich. Schön. Aufregend. Verwirrend. Ängstigend. Beglückend.

In den folgenden Wochen schwirrte mir der Kopf. Zunächst einmal war mir klar, dass ich auf gar keinen Fall mit Herrn Jonathan darüber sprechen würde. Muss man ja nicht. Herr Jonathan war mein Therapeut, nicht mein Beichtvater. Er sollte meine Depression kurieren und sonst gar nichts. Also, erst einmal Ruhe bewahren und mir nichts anmerken lassen. Verdammt, ich hatte mich in meinen Therapeuten verliebt. Das mit den Hundebabyblicken war eine Sache gewesen, aber Liebe, das war doch was ganz anderes. Was sollte das?

Einerseits genoss ich das Gefühl, verliebt zu sein. Ich tat, was man in diesem Zustand halt so tut: hörte mir entsprechende Musik an, kaufte mir Klamotten, träumte, dachte und grinste still vor mich hin. In manchen Therapiestunden wurde mir schlagartig bewusst, dass ich Herrn Jonathans Hände beobachtete. Oder sein Gesicht. Dann sah ich schnell weg.

Andererseits war ich nicht blöd und außerdem vom Fach. Ich versuchte daher, der Verwirrung analytisch zu Leibe zu rücken. Patienten verlieben sich in Therapeuten. Das passiert.

Therapeuten verlieben sich in Patienten. Passiert auch. Beziehungen zwischen Patienten und Therapeuten sind verboten, schädlich und ethisch äußerst fragwürdig. So weit, so gut. Oder so schlecht.

Denn so oder so stellen sich ziemlich schnell die üblichen Fragen: Bin ich wirklich verliebt? Ist es gar Liebe? Warum er? Warum jetzt? Bin ich blind vor Liebe? Was sind die Zeichen? Was ist real und was bilde ich mir nur ein? Was ist Liebe eigentlich? Ich kenne ihn doch kaum. Aber spielt das überhaupt eine Rolle? Liebt er mich auch? Und was dann?

Irgendwie war mir die Fachliteratur da kaum hilfreicher als die ganzen Frauenzeitschriften. Liebesgefühle in der Therapie können anscheinend alles sein: alte Gefühle übertragen auf die therapeutische Beziehung, Vermeidung anderer heikler Themen, Stabilisierung, »echte« Liebe und, und, und. Außerdem scheinen sie sich nicht sonderlich von der Liebe im »wirklichen« Leben zu unterscheiden.

Ich vermied auf alle Fälle eines: enttäuscht zu werden. Lieber dachte ich im Stillen lang und breit über all diese Fragen nach, als sie mit Herrn Jonathan zu besprechen. Und zwar nicht nur, weil es mir peinlich war. Sondern vor allem, weil ich seine Ablehnung fürchtete. Denn darauf würde es letztendlich hinauslaufen müssen, da hatte ich keine Illusionen. Nur jetzt sollte es noch nicht sein. Ich wollte nicht, dass er dieses unheimlich berauschende Gefühl zerstörte. Ich fühlte mich lebendig, glücklich, attraktiv. Weiblicher und körperlicher als je zuvor. Möglicherweise war einiges davon Täuschung. Möglicherweise hatten diese Gefühle wenig mit Herrn Jonathan zu tun. Aber sie hatten etwas mit mir zu tun. Etwas mit mir gemacht. Ich wollte diese Gefühle behalten. Wahrscheinlich würden sie eh bald verblassen. Doch bis es so weit sein würde, wollte ich sie auskosten.

Sie verblassten nicht. In den Therapiestunden versuchte ich, darum herumzureden. Wenn Herr Jonathan Andeutungen machte, die in diese Richtung gingen, ignorierte ich die gefährlichen Gefühle und wechselte das Thema. Es war ganz schön schwierig, ständig ein neues zu finden, aber das einzige Thema, das mich wirklich interessierte, durfte nicht berührt werden.

Ich traf Herrn Jonathan in der Kneipe. Dann auf dem Markt.

Ich sprach ihn darauf an: »Was wollen wir damit machen, dass wir uns ständig begegnen?«

»Wie finden Sie das denn?«

»Nun, ich dachte mir, entweder müssen Sie umziehen oder ich, und da ich gerade erst hierhergezogen bin, denke ich, es wäre nur fair, wenn Sie wegziehen. Öfter mal was Neues. Außerdem bin ich die depressive Patientin und wir Depressiven kommen nicht so gut klar mit ständigen Abschieden. Das müssten Sie eigentlich besser hinbekommen. Also …?« Ich lächelte ihn an. Genau genommen flirtete ich wohl ein wenig.

»Hm. Wäre das denn besser? Wenn ich wegziehe?«

»Ach, eigentlich nicht. Aber wenn ich jetzt auf den Markt gehe, muss ich zuvor darüber nachdenken, ob ich darüber nachdenken muss, ob ich Sie treffen will. Das ist kompliziert und blöd.«

»Am besten wäre es wohl, wenn ich in die Wohnung über Ihnen einziehe, aber wir uns nie treffen.«

Ich dachte: ›Ach, Quatsch. Nicht in die Wohnung über mir. In *meine* Wohnung. Und warum sollten wir uns nie treffen?‹ Aber damit waren wir schon wieder gefährlich nah an dem Thema, das ich eigentlich vermeiden wollte. Ich fragte mich, ob er das wusste.

Ich vermied nicht nur das Thema »Liebe« in den folgenden Wochen, auch die anderen Themen, die mich beschäftigten, streifte ich nur noch kurz in den Therapiestunden. Die Distanz, die mein »Geheimnis« schuf, wurde in unvorhergesehener Weise immer größer und ich fühlte mich mit ihr endlich unabhängiger, erwachsener. Ich »brauchte« Herrn Jonathan weniger. Mein Leben zwischen den Therapiestunden füllte sich mehr und mehr, und ich hatte kaum noch das Bedürfnis, ihm alles zu erzählen. Zusammen mit meinen Liebesgefühlen machte ich auch andere Gefühle und Gedanken zunehmend mit mir selbst aus. Oder sprach mit Freundinnen darüber.

Vor den Herbstferien kam ich beschwingt in die Therapiestunde.

»Wenn ich reich bin, kaufe ich mir ein Haus in der Schubertstraße. Ich geh da immer lang auf dem Weg zur Therapie und die Häuser sind perfekt. So ein kleiner Garten mit Bank. Ich denke schon darüber nach, wie ich das einrichten würde. Mir geht's richtig gut.«

»Sind Sie manisch?«

Ich rollte mit den Augen.

»Ach nein, wenn Sie manisch wären, hätten Sie das Haus schon gekauft.« Herr Jonathan lachte freundlich.

»Ich fühle mich, als würde ich fliegen. Am liebsten würde ich einfach nur plaudern.« Ich atmete einige Male ein und aus, um ruhiger zu werden und mich auf die Therapie einzustimmen.

»Warum tun Sie es dann nicht?«

»Ich weiß nicht, ich fühle mich dann immer ein wenig wie nicht ganz da. Ich könnte plaudern und plaudern und Sie unterhalten, ohne überhaupt mit mir oder Ihnen in Kontakt zu kommen. Das ist, glaube ich, nicht so schön für Sie. Ich werde also mal versuchen zu ›landen‹. Da muss ich nur vorsichtig sein.« Immerhin wollte ich die gute Stimmung behalten. Und bloß nicht in die Nähe des »heiklen Themas« kommen.

»Sie könnten ja erst einmal etwas tiefer fliegen und vorsichtig aufsetzen, und wenn die Piste dann zu uneben ist, einfach wieder durchstarten.«

Wir plauderten noch eine Zeitlang über »Landungen« und »Abstürze«, dann stockte das Gespräch irgendwann, und nach einer Pause meinte Herr Jonathan: »Wir müssen gar nicht jetzt darüber sprechen, aber ich dachte gerade daran, dass wir nach den Ferien anfangen sollten, über das Ende der Therapie zu reden.«

Zumindest innerlich wurde ich bleich. Mein Magen zog sich zusammen. Mir war übel. Das kam so unvorbereitet, dass ich für einen Moment regelrecht unter Schock stand. Ich fühlte mich ängstlich, traurig und unendlich einsam. Ich hatte das Gefühl, Herr Jonathan habe sich in den Frachtraum meines Flugzeugs geschlichen und völlig unbedacht die Ladung losgebunden, so dass jetzt riesige Frachtkisten von einer Seite zur anderen schlingerten und das Flugzeug gefährlich aus dem Gleichgewicht brachten. Schließlich wurde ich ärgerlich.

»Sie können so was doch nicht einfach so anstoßen, ohne wirklich darüber sprechen zu wollen. Das macht man doch nicht. So ein Thema kann man doch nicht einfach so mal ›ansprechen‹.«

Ich kämpfte mit meinen Gefühlen. Herr Jonathan schwieg.

»Ich muss das erst mal innerlich sortieren.«

»Ihr Flugzeug scheint sich gerade in eine ›Klapperkiste‹ verwandelt zu haben.« Herr Jonathan lächelte mich vorsichtig an.

›Ja, und bitte gehen Sie jetzt raus aus meinem Frachtraum und setzen sich gefälligst hin, während ich die Ladung wieder in Ordnung bringe, bevor wir hier alle abstürzen‹, dachte ich. Verdammt noch mal, ich war nicht darauf gefasst, dass mich das Thema so treffen würde. Immerhin bereitete ich mich praktisch seit einem Jahr auf das Therapieende vor. Längst hatte ich ausgerechnet, dass die Therapie mit der Verlängerung ungefähr im Februar oder März zu Ende sein würde, je nachdem, wie lange Herr Jonathan Urlaub machte. Ich versuchte mich zu beruhigen.

»Mussten Sie das gerade jetzt ansprechen? Das ist doch Müll. Eigentlich habe ich mich in den letzten Wochen ganz gut gefühlt und eigentlich ist das auch okay mit dem Therapieende. Aber jetzt hat es mich doch ein wenig aus dem Tritt gebracht.« Ich atmete tief durch.

»Ich glaube, dass wir das ganz gut hinbekommen werden.«

Es freute mich, dass Herr Jonathan von »uns« sprach. Dass er mich damit nicht einfach so allein ließ. Nicht *ich* musste das irgendwie hinbekommen, *wir* würden das gut hinbekommen.

»Und jetzt fahren Sie auch noch in Urlaub. Eigentlich hatte ich mir ja vorgenommen, diesmal den ganzen Oktober Urlaub zu machen, länger als Sie. Dann würde nicht ich Sie vermissen, sondern Sie mich.«

»Vielleicht sehen wir uns ja auf dem Markt.«

Ich stöhnte theatralisch auf und sagte scherzhaft: »Ach, Sie fahren nicht mal weg. Das ist ja noch schlimmer. Sie wollen einfach so Urlaub von mir haben.«

Er lachte und ich war getröstet.

Während der Herbstferien dachte ich darüber nach, mit Herrn Jonathan doch über meine Verliebtheit zu sprechen. Sie war nicht, wie erwartet, verschwunden, und es störte mich allmählich, dass mir dieses »Geheimnis« ständig in die Quere kam. Die größere Distanz und Unabhängigkeit waren zwar ganz schön, aber ich vermisste meine frühere Offenheit. Doch als ich ihn beim ersten Termin nach den Ferien wieder sah, wirkte er merkwürdig fremd. Die Vertrautheit war verschwunden.

Im Scherz bat ich ihn: »Können Sie den anderen Herrn Jonathan hereinbitten? Den vom letzten Mal. Von vor den Ferien. Irgendwie wirken Sie nicht wie der vertraute Herr Jonathan. Sie sind ganz anders.«

Herr Jonathan lachte: »Ich glaube, Sie fremdeln.«

In dieser Stunde reichte mein Mut dann doch noch nicht.

Bis zur nächsten Stunde hatte ich mir eine so starke Verspannung in der Schultermuskulatur zugezogen, dass ich meinen Patienten absagen und Medikamente nehmen musste. Ich merkte, dass ich meine Schultern ständig nach hinten zog, weil ich den Eindruck hatte, dass sie sonst zu sehr nach vorne hingen. Schließlich konnte ich nicht mehr schlafen, weil die Schmerzen mich jedes Mal weckten, wenn ich mich umdrehte. Diese Verspannung begleitete mich seit dem Sommer und legte sich erst wieder, als ich die Therapie abgeschlossen hatte. Und meine Verliebtheit ging noch mit einem weiteren körperlichen Symptom einher: Nachdem ich fünfundzwanzig Kilogramm abgenommen hatte, stagnierte jetzt mein Gewicht. Gleichzeitig stellte ich mir in vielen Tagträumen vor, wie bezaubert Herr Jonathan wäre, wenn er mich dünn sehen könnte. Welches Kleid ich dann tragen würde. Wie sich mein dünner Körper anfühlen würde. Doch ich nahm nicht weiter ab. Es war, als drücke sich in meinem Körper meine ganze Hin- und Hergerissenheit aus. Gegen Ende der Therapie sprach ich mit einem befreundeten Therapeuten über mein Gefühl, Herrn Jonathan immer so kindlich gegenüberzusitzen, und wie gerne ich einmal erwachsen in der Therapiestunde bleiben würde. Er fragte mich: »Wie wäre es denn, als erwachsene Frau einem erwachsenen Mann gegenüberzusitzen?« All meine bewussten Gefühle und Wünsche sagten: toll, schön, genau das will ich. Aber mein Körper sagte etwas anderes.

Jetzt wollte ich endlich mit Herrn Jonathan darüber sprechen. Meine Freundinnen hatten mir Mut gemacht, aber ich hatte den Verdacht, dass das ein wenig unter voyeuristischen Gesichtspunkten geschah und sie vor allem gespannt auf die Weiterentwicklung dieses »Abenteuers« waren. Trotzdem. Ich wollte es wagen. Also druckste ich in bewährter Manier ein wenig herum und bat dann Herrn Jonathan zu einer gewissen Aufteilung seines Selbst.

»Können Sie vielleicht den Teil von Ihnen, an den meine Gefühle, über die ich gleich sprechen werde, gerichtet sind, kurz hinausschicken? Ich würde gerne nur mit Ihnen als Therapeut sprechen.«

Er nickte. Ich weiß nicht, ob er ahnte, was mir auf dem Herzen lag. Als ich mit meinem üblichen Schweigen begann, meinte er, vielleicht würde es mir helfen, wenn ich wüsste, dass, was immer ich sagen würde, es natürlich bei ihm eine Resonanz auslösen würde, dass er aber nichts *tun* würde. Ich war berührt, weil ich merkte, dass er als echte Person anwesend war. Ich sprach nicht in die leere Luft hinein, sondern mit einem Menschen. Aber über die Frage, wer was tun sollte oder wollte oder auch nicht, mochte ich lieber nicht nachdenken. Stattdessen flüchtete ich mich ins Reden.

»Ich dachte mir, es sei gut, darüber zu sprechen, weil ich das Gefühl habe, ich rede seit Wochen drum herum und kann gar nichts Wichtiges mehr sagen, bis das geklärt ist. Also, ich habe irgendwann im Sommer bemerkt, dass ich verliebt in Sie bin. Ich dachte erst, das geht vorbei und ich müsste nicht drüber sprechen. Aber irgendwie klappte das nicht. Vielleicht geht es vorbei, wenn ich es jetzt erzählt habe.«

Ich machte vorsichtshalber keine Pause und sah ihn auch nicht an. Schließlich wollte ich nicht *mit* dem Mann sprechen, in den ich verliebt war. Ich wollte nur mit meinem Therapeuten *über* meine Liebe sprechen. Daran sollte kein

Zweifel bestehen. Jedenfalls nicht für Herrn Jonathan. Über die Frage, mit wem ich insgeheim sprechen wollte, traute ich mich nicht nachzudenken. Herr Jonathan war Herr Jonathan und mein Therapeut. Was würde es dann nutzen, all die Fragen zu stellen, auf die mein verliebtes Ich natürlich eine Antwort wollte: Was dachte er von mir? Fand er mich attraktiv? Anziehend? Ach Gott, wollte ich darauf wirklich eine Antwort? Sicher keine negative. Und eine positive?

»Ich dachte mir, Sie machen eh ständig Anspielungen, und ich bin es leid, immer wieder auszuweichen. Ich glaube, Sie wissen das sowieso.«

Ich sah ihn an. Er setzte zum Sprechen an, ließ es dann aber.

»Ich finde das total peinlich. Am Anfang habe ich mich ziemlich erschrocken. Aber ich war auch froh, dass ich mich nach so langer Zeit überhaupt wieder verliebt habe. Ich dachte schon, ich kann das gar nicht mehr.«

Jetzt wünschte ich mir, Herr Jonathan würde irgendetwas sagen. Aber er blieb schweigsam. Die ganze Stunde lang. Fragte mich irgendwann, ob ich über etwas anderes sprechen wollte. Ich fühlte mich ziemlich verloren. Über was sollte ich bitte sprechen wollen?

Schließlich meinte er: »Es wäre gut, wenn Sie Ihre Gefühle von mir lösen und sich anderen Männern zuwenden würden. Das ist zwar schmerzhafter, aber auch realistischer.«

Ach Gott. So einfach war das also?

Irgendwie war ich erleichtert. Aber auch enttäuscht. Das war doch ein wichtiges Thema. Warum half mir Herr Jonathan nicht? Aber ich raffte mich auf und wechselte das Thema. Offensichtlich wollte Herr Jonathan nicht darüber sprechen. Ich erzählte ihm von meinen Verspannungen, den Schmerzen und den Medikamenten. Scherzte über den Arzt, der mir ohne langes Federlesen ein abhängig machendes Beruhigungsmittel zur Muskelentspannung verschrieben hatte.

»Meine Güte, da war ich wirklich entspannt, gestern Abend.«

Herr Jonathan scherzte mit: »Und dann haben Sie beschlossen, heute mit mir zu sprechen. Gefährlich, die Tabletten.«

Er fragte mich nach der Adresse des Arztes. Für den Fall, dass er auch mal ganz sorgenfrei sein wollte. Ich bot ihm an, meinen Tablettenvorrat mit ihm zu teilen. Wir lachten.

In der Nacht bekam ich Angst. Warum war Herr Jonathan so schweigsam gewesen? Wenn er mich nun abscheulich fand? Wenn es nie wieder gut werden würde zwischen uns? Wenn er sich genervt fühlte? Wenn ich alles zerstört hatte?

Ich beruhigte mich wieder, doch in der nächsten Therapiestunde begann ich unvermittelt zu weinen.

»Ich habe solche Angst, dass Sie mich nun hassen.«

Bevor ich mich weiter aufregen konnte, meinte Herr Jonathan: »Ich möchte nicht, dass Sie denken, ich tue Ihre Gefühle einfach so ab, aber in diesem Fall bin ich mir sicher, dass Sie da Gefühle auf mich übertragen, die nichts mit mir zu tun haben.«

Ich war zufrieden (na ja, halbwegs) und glaubte ihm. Er hasste mich nicht.

Wir sprachen nicht wieder über meine Liebe, aber das Thema stand nun auch nicht mehr ganz so unausgesprochen im Weg herum. Ich sehnte mich immer wieder nach körperlicher Nähe. Meine Gefühle lösten sich nicht plötzlich in Luft auf. Doch ich beschloss, dass Herr Jonathan ausschließlich mein Therapeut bleiben und ich mir für die Liebe jemand anders suchen wollte. Zumindest beschloss ich, das zu beschließen. Und meistens klappte wenigstens der erste Teil des Beschlusses. Schwierig wurde es nur, als völlig unsensibel plötzlich eine Vase mit einer einzelnen Rose in seinem Praxisraum herumstand und mich die Eifersucht plagte. Oder wenn mein Blick auf seine Hände fiel. Oder wenn er auf eine bestimmte Weise lächelte. Aber sonst: kein Problem. So einfach war das.

Mutterliebe und Löcher in der Eihaut

HERBST 2003

Meine Mutter kam ins Krankenhaus, und ich fuhr mit meinem Roller 250 Kilometer in einer Nacht, um sie zu besuchen. Ich fühlte mich frei und unabhängig, erwachsen und motorisiert. Und doch war ich deprimiert, als ich wieder zu Hause ankam. Wieder war irgendetwas falsch gewesen, ohne dass ich es hätte greifen können. Ich hatte das Gefühl gehabt, meine Mutter wäre lieber allein geblieben. Als ich sie später danach fragte, verneinte sie das. Sie habe sich gefreut. Warum fühlte ich mich nur immer so schrecklich abgewiesen? Ich fand mich abscheulich mit meiner ständigen Sehnsucht nach Mutternähe. Begann wieder mal, mich regelrecht dafür zu hassen.

23.09.2003

Hi Herr Jonathan,

ich hasse. Ich enge meinen Blick ein und verkrieche mich in mich selbst. Ich will nicht, dass Sie mich so sehen, aber ich wünschte, Sie könnten Mitleid haben, denn ich kann keins haben. Ich will keins haben. Ich will mitleidlos dem Ekel ins Gesicht sehen. Ich darf kein Mitleid haben, denn dann hätte ich nicht mehr die Kraft zu hassen. Und ich muss mich hassen. Mich zerstören. Vernichten. Ich finde mich selbst widerwärtig, wenn ich so etwas schreibe. So hässlich. (...)

Bitte sehen Sie nicht hin. Ich möchte nicht. So sein.

Können Sie nicht die Augen zumachen und mich einfach in den Arm nehmen? Ohne zu sehen.

Liebe Grüße, Merle Leonhardt

Hass. Ein schweres Wort. Wenn ich es heute schreibe, erschrecke ich ein wenig über mich selbst. Tatsächlich empfand ich damals Hass. Meistens auf mich. Aber auch auf andere. Eine Freundin erzählte mir, dass sie in ihrer Kindheit so sehr geliebt worden sei, dass sie gar nicht gelernt habe zu hassen. Ich glaubte ihr. Und fragte mich, ob man es auch wieder verlernen könne.

Im Gegensatz zur Wut richtet sich Hass nicht lediglich darauf, eine Bedrohung abzuwenden, sondern auf die Zerstörung des Angreifers. Mir scheint das Gefühl damit aus der Palette der anderen Gefühle herauszufallen. Trauer, Freude, Wut, Scham sollen im Gegenüber etwas bewirken. Hass dient nicht mehr der Kommunikation. Wenn ich jemanden hasse, habe ich es aufgegeben, etwas im anderen bewirken zu wollen. Ich möchte ihn nicht mehr dazu bringen zu bleiben, zu gehen, wiederzukommen, mich zu trösten oder mich in Ruhe zu lassen. Ich möchte ihn auslöschen. Vielleicht möchte ich den anderen auch leiden sehen, in der verqueren Hoffnung, dadurch meinen eigenen Schmerz zu lindern. Im Hass ist keine gute Lösung mehr möglich.

Wenn ich suizidal war, versuchte ich, mich so sehr wie möglich zu hassen, damit ich in der Lage sein würde, mich zu töten. Kein schöner Gedanke. Aber darum ging es ja in meiner Depression: etwas Unerträgliches aus der Welt zu schaffen. Ein Teil von mir schien zu glauben, dass mein bedürftiges Ich, meine Hundebabyblicke unerträglich seien. Hassenswert. Nicht duldbar. Zu vernichten. Wenn nötig mit allen Mitteln.

Herr Jonathan glaubte das nicht. Er sah andere Möglichkeiten, mit meinem bedürftigen Ich umzugehen: Mitleid. Verständnis. Zuwendung. Kompromisse. Trost. Aber obwohl ich inzwischen Herrn Jonathan meistens glaubte, wenn er mein bedürftiges Ich als durchaus akzeptabel bezeichnete, geriet diese Überzeugung doch schnell ins Wanken.

Nach einem langen Wochenende, das mit Seminaren am Lehrinstitut gefüllt war, fuhr ich abends auf meinem Roller nach Hause und spürte die altbekannte Angst wieder, dass ich mich »falsch« verhalten haben könnte. Schnell fühlte ich mich deprimiert und unsicher. Ärgerte mich über mich selbst, weil ich es nie »richtig« machen konnte. Beschimpfte mich schließlich übel. Da war er wieder, der Hass. Ich überlegte, wie sehr ich mich auf meinen Hass konzentrieren müsste, um einfach geradeaus mit meinem Roller gegen einen Baum fahren zu können.

Dann fragte ich mich: ›Was heißt eigentlich »richtig«? Wann wärst du wirklich überzeugt, dass du »richtig« bist? Wenn du die absolute Sicherheit hättest, dass deine Freunde dich mögen? Die absolute Sicherheit? So ist das Leben nicht. Aber das ist nicht deine Schuld. Es liegt nicht an dir, wenn du diese hundertprozentige Sicherheit nicht erreichst. Vielleicht verlangst du da einfach zu viel von dir.‹

»Richtig« sein hieß für mich bis jetzt, Liebe und Zuwendung zu bekommen. Anders sein hieß »falsch« sein, hieß Ablehnung. Und jede Unstimmigkeit, jeder Moment des innerlichen Getrenntseins, des Nicht-Übereinstimmens zeigte meine Andersartigkeit. Mein »Falschsein«.

Eine andere Stimme meldete sich: ›Aber ich muss doch für das sorgen können, was ich brauche. Das kann doch jeder. Das muss man doch als normaler Mensch können. Wenn ich das nicht kann, bin ich falsch. Das ist der Beweis.‹ Ich schämte mich, weil ich niemanden dazu bringen konnte, mich immer zu lieben. Immer und ewig.

Gleichzeitig dachte ich erleichtert: ›Vielleicht brauchst du das gar nicht: hundertprozentige Liebe.‹ Wenn andere Gefühle schwanken durften, warum dann nicht auch die Liebe? Es war normal, dass mich meine Freunde mal mehr, mal weniger mochten. Mir ging es mit ihnen schließlich genauso. Konnte ich damit leben? Ja.

Herr Jonathan sprach in diesem Zusammenhang mal von der Suche nach dem passenden Puzzlestück. Perfekter Kontakt. Wie perfekt musste ich eigentlich »passen«? Wie perfekt mussten die anderen »passen«?

Ich spürte, wie sich mein ganzer Körper entspannte. So viel »Passung« brauchte ich gar nicht. Ein wenig Reibung, ein wenig Uneinigkeit durften schon sein. Ich konnte trotzdem glauben, dass ich liebenswert war. Fast hätte ich angefangen zu weinen. Ich hatte einen Weg gefunden, das Unerträgliche erträglich zu machen. Wenn ich gar nicht absolute Sicherheit, Liebe und Zuneigung brauchte, musste ich mich auch nicht schämen, wenn ich sie nicht bekam. Es bedeutete nicht, dass ich hassenswert war, dass etwas an mir falsch war. Es war normal. Ich war richtig. Ich konnte vertrauen. Mir. Dem Leben. Meiner Fähigkeit, mir »genug« Liebe, »genug« Sicherheit zu verschaffen.

In diesen Minuten auf meinem Roller in der Dunkelheit söhnte ich mich mit mir aus. Ich war nicht perfekt. Aber gut genug. Ich brauchte nicht zu zerstören, nicht zu hassen, mich nicht zu schämen. Ich war erträglich geworden. Für mich selbst. Niemand musste mir das sagen. Auch Herrn Jonathan musste ich das nicht mehr glauben. Ich spürte es selbst. An diesem Abend verschwand meine Depression. Ich wusste, es war für immer.

Einige Wochen vor dieser denkwürdigen Erkenntnis hatte ich das Gefühl gehabt, eine »Perle« wachse in mir. Ich fühlte mich ruhig, sicher, geborgen. Ich hatte Herrn Jonathan gesagt: »Wenn ich diese Perle immer spüre, brauche ich Sie nicht mehr.« Daran dachte ich jetzt. Herr Jonathan hatte mich gefragt, ob ich wisse, wie Perlen im Bauch der Auster entstehen. Aus einer Verletzung, einem kleinen Fremdkörper. Und dann umgibt die Auster den Eindringling Schicht um Schicht mit Perlmutt.

Vielleicht waren all diese Entwicklungen nötig, dass ich mich endlich, nach anderthalb Jahren Therapie, mit der Frage beschäftigen mochte: Wie kam ich überhaupt darauf, dass ich unerträglich sei? Was hatte meine Mutter damit zu tun? Warum dachte ich, ich wollte zu viel?

Ich telefonierte mit meiner Mutter. Wir sprachen über Weihnachten. Wer von meinen Geschwistern würde wann wo sein? Niemand wollte sich festlegen. Das Übliche. Meine Mutter wollte sie nicht drängen. »Mal sehen«, sagte sie. Ich wusste, worauf das hinauslief. Meine Mutter würde sich nach demjenigen richten, dem gegenüber sie gerade die größten Schuldgefühle hatte. Das sollte ich doch bitte verstehen. ›Und bitte‹, hörte ich in ihren Seufzern, ›mach mir jetzt nicht auch noch zusätzlichen Stress mit deinen Wünschen. Es ist schon kompliziert genug.‹ Ich schwieg ärgerlich eine Weile. »Mal sehen« hieß auch: Ich möchte das nicht regeln müssen. Okay, dachte ich, dann regele ich das für mich.

»Ich möchte planen. Und ich möchte nicht zwei Tage vor Weihnachten alle Pläne über den Haufen werfen, nur weil eines meiner Geschwister sich plötzlich umentschlossen hat und du keinen Stress willst. Entweder wir einigen uns auf etwas oder ich überlege mir gleich was anderes. Dann feiere ich mit Freunden.«

Meine Mutter seufzte wieder. Ich war ihr lästig, das hörte ich und schwieg ärgerlich und verletzt.

»Ich möchte einfach keinen Stress.«

»Tschüs, Mama.«

»Lass uns mal abwarten.« Ihre Stimme warb um Verständnis.

»Tschüs.«

Nach diesem Telefonat traute ich mich endlich, mit Herrn Jonathan über meine Mutter zu sprechen.

»Bei solchen Gesprächen werde ich immer unheimlich wütend. Ich frage mich selbst, warum, denn es hindert mich ja nichts daran, einfach zu sagen, gut, dann mache ich das eben so und so mit Weihnachten. Stattdessen schweige ich eisig. Das kann ich selbst nicht leiden. Und sofort drängt sich mir das Gefühl auf, meine Mutter kümmert sich nicht genug um mich. Dabei weiß ich genau: Sie kümmert sich viel. Zwischen uns war das schon immer ganz … eng.«

»Das ist das erste Mal, dass Sie das Wort ›eng‹ benutzen.«

Ich dachte nach. Warum hatte ich »eng« gesagt und nicht »nah« wie sonst? Eng – das hört sich an wie »zu eng« oder »einengen«. Nah – das lässt mehr Raum. Irgendwie.

»Wie kann ich gleichzeitig das Gefühl haben, dass wir uns nah waren, und wütend sein, weil ich mich vernachlässigt fühle? Das passt doch nicht zusammen. Eins von beiden muss doch falsch sein.«

Es war ausgesprochen. Nah oder eng, das war mir erst einmal egal. Endlich hatte ich über meine Ur-Angst gesprochen: meiner Mutter Unrecht zu tun, obwohl ich insgeheim wusste, dass es keinen Grund dafür gab.

»Vielleicht ist es gar kein Gegensatz.« Herr Jonathan überlegte einen Moment. »Ich glaube, Ihre Mutter hat sich gekümmert *und* sich *gleichzeitig* zu wenig gekümmert.«

Meine Mutter hat sich gekümmert und gleichzeitig war es zu wenig gewesen. Ach so. Kein Gegensatz. Ich wollte also nicht zu viel? Meine Gefühle waren nicht falsch. Auf irgendeine Weise waren wir *gleichzeitig* sehr eng beieinander und viel zu weit voneinander entfernt. Ich hätte nie gedacht, dass die Lösung so einfach sein würde. Ich hatte von meiner Mutter eine gewisse Nähe erfahren, und doch hatte auch mein Gefühl recht, dass es zu wenig gewesen war. Meine Mutter war nicht kaltherzig, nicht lieblos. Aber trotzdem hatte ich zu wenig bekommen. Es stimmte beides. Es war, als wäre das innere

Bild meiner Mutter plötzlich dreidimensional geworden. Ich schwieg. Ich merkte, dass Herr Jonathan mich ansah.

»Ich kann jetzt grad gar nichts sagen. Das ist viel gewesen. Das muss ich erst einmal verdauen.«

Ich fühlte mich traurig. Aber auch erleichtert.

Es war Herbst geworden. Am Abend wickelte ich mich in eine Decke und legte mich in den Liegestuhl auf meinem kleinen Balkon. Hörte Musik. Sah den Kerzen in den Lampions beim Brennen zu. Ich dachte an Abschiede. An Trauer. An meine Mutter. Ich versuchte, meine Gefühle in das neue, dreidimensionale Bild einzuordnen. Mir fiel mein Studium in Amerika wieder ein. Wochen vor dem Abflug war ich schon aufgeregt gewesen. Hatte nicht gewusst, wohin mit mir. Hatte Angst gehabt, mich gefreut, alles durcheinander, und war irgendwann auch voller Sorge, es würde nicht klappen. Ich hatte eine Wohnung übers Internet gemietet und fand das schon ziemlich verrückt. Wer mietet eine Wohnung, ohne sie auch nur ein einziges Mal vorher gesehen zu haben? Außerdem wusste ich gar nicht genau, wie ich vom Flughafen zur Universitätsstadt käme. Mein Flug ging zwei Tage vor Semesterbeginn. War das nicht viel zu spät? Ich hatte meine Mutter gefragt, ob ich nicht umbuchen sollte. Das sei zu teuer, hatte sie gemeint und weitergearbeitet. Vernünftig. Und ich hatte mich unglaublich allein gefühlt. Gedacht, meine Angst sei anscheinend völlig übertrieben. Mich zusammengerissen. Später dann, am Flughafen, hatten wir uns verabschiedet. Uns umarmt. Dann war ich allein durch die Sicherheitsschleuse gegangen, hatte mich ins Flugzeug gesetzt und bis zum Zwischenstopp in London geweint. Hatte mich falsch gefühlt. Viel zu abhängig. Viel zu anhänglich.

Ich dachte auch an meinen Auszug von zu Hause zu Beginn meines Studiums. Als alle Möbel in meiner neuen Wohnung waren, hatten meine Mutter und ich uns umarmt, gewinkt, die Tür war ins Schloss gefallen. Ich hatte mich aufs Bett gesetzt und war allein gewesen. Erwachsen und allein. Mein Bruder hat mir später erzählt, dass meine Mutter den ganzen Rückweg von meiner neuen Wohnung nach Hause geweint habe. Ich hatte das nicht gewusst. Ich hatte gedacht, meiner Mutter sei es egal gewesen. Keine große Sache, ob ich nun da war oder nicht. Als ich sie später darauf ansprach, meinte sie, sie habe mich nicht traurig machen wollen mit ihrer Traurigkeit. Wusste sie denn gar nicht, wie ich mich fühlte? Was ich brauchte? Vielleicht nicht. Oder doch?

Ich sprach mit Herrn Jonathan darüber.

»Ich denke jetzt, sie war oft gar nicht richtig da. Wir haben immer Witze darüber gemacht, dass Mama nie zuhört, und sie hat gesagt, dass das ihr Überlebensmechanismus bei fünf Kindern sei. Aber vielleicht stimmt das auch sonst. Mein Bruder hat sie früher immer in den Bauch gestupst, wenn er etwas sagen wollte, damit sie ihn überhaupt wahrnimmt. Ich frage mich, ob sie eine richtige Verbindung zur Welt draußen hat. Am liebsten ist sie nämlich allein. Sie hat eigentlich keine Freundinnen. Ich glaube, sie mag uns Kinder schon sehr gern, aber der schönste Moment an unseren Besuchen ist möglicherweise der, wenn wir wieder gehen. Ich dachte immer, das liegt an dem Stress und dem Aufwand, den sie dann hat. Aber inzwischen denke ich, dass sie gar nicht so gerne mit anderen Menschen zusammen ist. Dass ihr einfach das Zusammensein zu viel ist. So, als solle es nie zu einem vollständigen Kontakt kommen. Sie ist zwar äußerlich und auch verstandesmäßig da, aber innerlich, gefühlsmäßig, da bleibt sie weit entfernt.«

Ich dachte an die perfekt passenden Puzzleteile.

»Im Grunde hoffe ich immer, dass wir uns irgendwann richtig treffen. Dass ich sie irgendwann richtig spüren kann.

Aber bevor es dazu kommt, ist sie schon wieder weg. Sie bleibt immer das letzte Stückchen weg. Und das ist so frustrierend. Wie ein Immer-da-Verlust.«

Herr Jonathan führte seine beiden Handflächen aneinander. »Ein was?«

»Ein Immer-da-Verlust. Sie ist immer da, immer so nah. Aber das letzte entscheidende Stückchen fehlt, damit wir uns wirklich treffen können. Gleichzeitig da und doch nicht. Und ich suche verzweifelt Kontakt. Und will mehr und mehr. Damit es irgendwann doch mal reicht.« Tatsächlich war ich als Kind und Heranwachsende der Überzeugung gewesen, perfekte Übereinstimmung mit meiner Mutter würde endlich die ersehnte Liebe bringen. Wenn ich sie nur gut genug verstünde und wüsste, was sie bräuchte, wollte, dachte, dann gäbe es endlich Kontakt. Ich wollte »richtig« sein, passend für meine Mutter.

Das erste Mal in meinem Leben erlaubte ich mir nun zu denken, dass nicht ich unpassend war, sondern dass etwas mit meiner Mutter nicht stimmte.

Die Zeit war um. Ich dachte einen Moment nach und sah dann Herrn Jonathan an.

»Ich wünschte jedenfalls, es wäre Ihnen nicht egal, wenn ich gehe.«

25.11.2003

Hallo Herr Jonathan,

ich bin in Abschiedsstimmung. Es schmerzt und mir ist wehmütig zumute. Ich werde Sie vermissen. Ich wünschte, Sie könnten sagen, ich sei Ihnen nicht egal. Es sei Ihnen nicht egal, dass wir uns trennen. Aber vielleicht reicht es auch für mich zu wissen, dass Sie wissen, dass es schlimm ist für mich. Danke, dass Sie sprechen. Richtig schlimm finde ich wortlose Abschiede. Sie vermitteln mir immer das Gefühl, ich sei egal. (…)

Was meine Mutter betrifft, so ist es oft so, dass ich spüre, etwas fehlt. Aber was? Ich habe dann das Gefühl, sie müsste einfach ganz lange bei mir bleiben. Irgendwann wäre es doch genug. Doch ich glaube, es kann nie genug sein, weil sie selbst mir fehlt.

Ich weiß nicht, was sie hindert, da zu sein. Ich glaube, sie merkt es nicht einmal.

Danke, dass Sie *da waren.*

Liebe Grüße, Merle Leonhardt

Ich habe viel darüber nachgedacht, warum meine Mutter nicht genug für mich da sein konnte. Vielleicht lebte sie ganz in ihrer eigenen Welt. Das war mein erster Gedanke gewesen. Er entschuldigte vieles. Doch nahm sie wirklich nichts richtig wahr?

Vielleicht riefen meine Bedürfnisse ja Schuldgefühle in ihr hervor, weil sie sich zu schwach fühlte, mein Leben glücklicher zu gestalten und mich zu schützen. Dabei meinte ich immer, sie vor meinen Enttäuschungen und Traurigkeiten schützen zu müssen. Nicht zu viel von ihr verlangen zu dürfen. Sie sagte schließlich selbst von sich, sie sei »ein Hühnchen« – ängstlich, sorgenvoll, schwach. Und tatsächlich hatte ich das Gefühl, meine Mutter sei dem Leben nicht wirklich gewachsen. Nicht meiner Enttäuschung, nicht meinen Forderungen, auch nicht meinen Vorwürfen. Sie sorgte sich, statt zu handeln, weil sie nicht glaubte, dass sie etwas ausrichten könnte. Oder sie fürchtete die Konsequenzen, wenn sie sich wirklich mal durchsetzen würde. Es wäre einfach zu viel für sie gewesen, meine Traurigkeit, meine Angst, meine Depression zu bemerken. Was sollte »ein Hühnchen« denn schon tun? Sie konnte ja nicht mal durchsetzen, dass mein Bruder sich an den Abwaschplan hielt. Stattdessen hoffte sie, dass meine Geschwister und ich für ihn mitarbeiteten, ohne uns zu beschweren. »Regelt das unter euch«, hieß es dann, und innerlich war sie weit weg.

Vielleicht missgönnte sie mir auch meine Lebendigkeit, meine Wünsche, mein Durchsetzungsvermögen. Wenn ich etwas wollte, das sie sich selbst nicht erlauben konnte, spürte ich subtile Missbilligung: Willst du das wirklich? Ist das nicht zu viel? Brauchst du das? Ich verstehe ja deine Forderungen, aber glaubst du nicht, dass dein Vater/deine Brüder/deine Schwester dann verletzt wären?

Herr Jonathan meinte: »Wenn ich über Sie nachdenke, entsteht bei mir ein Bild von Ihnen, so als würde Ihnen ein Schutz, eine Grenze nach außen fehlen. Als hätte Ihre ›Eihaut‹ um Sie herum Löcher. Das Bild ist nicht so schön. Aber ich habe den Eindruck, als wäre da eine große Wunde in Ihrem Fleisch. Manchmal frage ich mich, ob man sie erst schließen muss, damit es sich dann in Ihnen füllen kann, oder ob man erst mehr in Sie hineinfüllen müsste, damit die Wunde sich dann darüber schließen kann.«

Ich wusste nicht genau, was er mit ›es‹ meinte. Geborgenheit, Sicherheit, das Gefühl, geliebt zu werden? Oft hatten wir über Hunger und Sattsein gesprochen. Die Wunden meiner Kindheit verhinderten, dass ich mich satt fühlen konnte. Vielleicht meinte er damit, dass es gut wäre zu schauen, wie ich das bewahren konnte, was ich an Liebe, Umsorgt-Werden, Geborgenheit und Zuneigung bekam. Damit es mich ausfüllen konnte und ich endlich sicher sein konnte, genug zu haben. In den folgenden Wochen stellte ich mir oft vor, wie es wäre, wenn sich diese »Löcher« schließen würden. Wie es wäre, sich heil und »geschlossen« zu fühlen. Wenn mich Abwertungen, schiefe Blicke, Ablehnungen nicht mehr bis ins Innerste treffen würden, sondern eine Schutzhülle um mich herum einen inneren Kern bewahren würde. Wenn ich das Wissen, dass mein tiefstes Inneres liebenswert ist, schützen könnte. Dann müsste ich nicht immer wieder nach Bestätigung von außen suchen. Bei meiner Mutter. Bei Freundinnen. Und wäre weniger verletzlich, wenn die Bestätigung mal ausblieb. Manchmal stellte ich mir diese »Eihaut« ganz bildlich vor. Wie sie mich grünlich und strahlend umhüllte. Stellte mir vor, wie fremde Meinungen, fremde Blicke, fremde Probleme an der »Eihaut« haltmachten. Es hört sich komisch an, aber es half.

Wenn ich so über meine Mutter nachdachte, wechselten sich viele Gefühle in mir ab. Oft war ich ärgerlich. Besonders kränkte es mich, dass sie mir immer wieder zu verstehen gab, dass sie nicht glaubte, dass in meinem Leben etwas so schwierig gewesen sein könnte, dass ich daran so sehr litt. Lange versuchte ich, ihr meine Verletztheit darüber verständlich zu machen. Doch schließlich erkannte ich, dass die Schuldgefühle für sie kaum erträglich wären. Und ich? Hasste ich sie? Fand ich sie unerträglich? Ich glaube nicht. Wenn ich sie hasste, zerstörte ich etwas in mir selbst. Das Bild einer Mutter, die mich oft liebte, die ich oft liebte. Widerstreitende Gefühle kamen und gingen. Dann wieder hatte ich Mitleid mit ihr und ihrem ungelebten Leben.

Es wurde Weihnachten und mich umgab eine tiefe Ruhe. Ich machte lange Spaziergänge im Schnee, wollte am liebsten allein sein und hörte Reinhard Mey: »Ich glaub, es war ein gutes Jahr.« Das fand ich auch.

Abschied

WINTER 2003/04

Die Ruhe verschwand mit den letzten Explosionen der Silvesterraketen. Am zweiten Januar machte ich einen Großeinkauf bei IKEA. Neues Bett, neuer Schreibtisch, neue Regale, neue Stühle. Alles neu. Alles anders. Wohnst du noch oder lebst du schon? Ich begann, endlich zu leben. Innerhalb eines Tages und einer Nacht hatte ich alle Möbel zusammengeschraubt. Oder besser: zusammengeschraubt, über die Aufbauanleitung geflucht, auseinandergeschraubt, wieder neu zusammengeschraubt und gehofft, dass diesmal alle Möbelbeine in die gleiche Richtung zeigten. Schließlich sank ich völlig erledigt in mein neues Bett. Gleich am nächsten Morgen kam mir die Idee für ein neues Projekt. Eins? Nein, hunderte. Vorhänge nähen, ein Buch schreiben, Fotoalben aussortieren, Cello-Unterricht nehmen, den Roller und die Fenster putzen … Meine Ideen nahmen kein Ende. Ich konnte keine fünf Minuten still auf meiner Couch liegen, ohne aufzuspringen und schnell mal eben dieses und jenes zu tun. Völlig untypisch für mich. Ich bin ein Couch-Lieger, ein Nachdenklich-und-ziellos-an-die-Decke-Starrer. Gerne auch den ganzen Nachmittag lang.

Ich fühlte mich unruhig. Als würde ich nie ankommen. Wo denn auch? Ich hatte das Gefühl, ich werde nie fertig. Das erlösende Ausatmen fehlte. Mich zufrieden irgendwo hinsinken lassen. Herr Jonathan nannte es »psychische Anorgasmie«.

Ich war lebendiger und glücklicher als jemals zuvor in meinem Leben. Und doch war da eine unglaublich drängende

Sehnsucht nach etwas Unbekanntem. Wann immer ich darüber sprach, machte Herr Jonathan Andeutungen in Bezug auf Liebe und Beziehung. Ich dachte nur: ›Entschuldigung, fällt Ihnen gar nicht auf, dass ich nicht darüber sprechen möchte?‹, und ignorierte alle Anspielungen. Das Thema war mir zu heikel. Ich würde sicherlich nicht mit einem Mann, in den ich verliebt war, über mein unglückliches, weil nicht-existentes Beziehungsleben sprechen. Und wie sollte Herr Jonathan mir da schon helfen? Ich war irgendwie nicht in der Lage, eine Beziehung zu haben. Zumindest noch nicht. Herr Jonathan hatte mir den Weg gezeigt, aber man musste ja nicht auf den letzten hundert Metern etwas Unmögliches versuchen. Trotzdem näherte sich das Gespräch immer wieder diesem Thema.

»Mir fehlt einfach etwas, das ich mit Leidenschaft machen kann. Früher war ich leidenschaftlich depressiv …« Ich sah, dass Herr Jonathan das Gesicht verzog. »Jaja, blabla, will ich ja auch nicht wieder werden. Aber mir fehlt eine Leidenschaft. Vielleicht sollte ich anfangen, leidenschaftlich Cello zu spielen. Oder Klavier. Oder mir ein Hobby suchen. Vielleicht Kochen? Niemals.«

Ich war in alberner Stimmung.

»Ja, Ihnen fehlt etwas.«

Innerlich seufzte ich. Natürlich wusste ich, wovon er sprach. Und vielleicht sprach auch ich irgendwie davon. Ich fragte mich nur, ob er wusste, dass ich wusste, dass er wusste, wovon ich sprach. Etwas fehlte. Etwas Leidenschaftliches. Was wohl? So naiv war ich ja nun auch nicht. Ich war hin- und hergerissen. Einerseits wollte ich über meine Sehnsucht nach »irgendetwas« sprechen, andererseits wollte ich nicht meine heitere Stimmung verlieren. Ich versuchte also einen Kompromiss: heiter über Sehnsucht sprechen. Dafür gibt es ja im Moment eine ganze Literatursparte. Rosa Büchlein in halbhartem Cover mit Männerbeinen, Fröschen und Herzen drauf. Das klappte jetzt nicht mal zwei Minuten. Hätte ich mir denken können. Ich las schließlich gerade ein Buch, in dem es um unerfüllte Sehnsucht ging. Und die hat nun mal nichts Heiteres.

»Meine Single-Freundinnen überlegen sich, ob sie sich sozusagen mit Plan B zufrieden geben wollen. Zum Beispiel ohne Beziehung ein Kind adoptieren. Oder in so eine Art Familien-WG ziehen. Vielleicht sollte ich ein Kind klauen.« Ich versuchte, heiter zu sein.

»Auf eine Freundin bin ich schon etwas neidisch. Sie hat einen Freund. Schon lange. Und jetzt planen sie ihre gemeinsame Zukunft. Also, ich gönn ihr das alles, aber wenn sie so erzählt, dass sie bald nach einem Kindergarten für ihre Kinder sucht und sich auch schon Namen überlegt hat …«

Ich suchte nach einer heiteren Fortsetzung. Aber mir fiel nichts ein. Stattdessen meinte ich: »Früher hatte ich auch mal Namen für meine Kinder.«

Verdammt. Jetzt war es passiert. Ich kämpfte mit mir. Versuchte, zu meiner heiteren Stimmung zurückzufinden. Die Tränen zurückzudrängen. Tränen wegen geplatzter Träume. Tränen der Sehnsucht. Früher hatte ich wie selbstverständlich angenommen, mal eine Familie zu haben. Und jetzt? Jetzt sehnte ich mich unglaublich und fürchtete gleichzeitig, dass ich diesen Traum nie verwirklichen könnte. Diese Tränen wollte ich nicht weinen. Diese Sehnsucht nicht spüren. Einige Male glaubte ich, ich hätte es schon fast geschafft. Dann sagte ich: »Ach, ist ja eigentlich auch nicht …« und »Na ja, das ist nicht so …« Doch bevor ich »schlimm« sagen konnte, brach meine Stimme schon wieder, und ich mühte mich erneut, die Fassung zurückzugewinnen.

Herr Jonathan fragte nach: »Ihre Stimmung scheint jetzt ganz anders zu sein.«

›Ach, tun Sie doch nicht so unschuldig. Sie wissen genau, was mit meiner Stimmung los ist‹, dachte ich verärgert. Sein

Kommentar hatte mich noch weinerlicher werden lassen. Ich versuchte, mich zu sammeln, richtete mich auf, atmete durch, räusperte mich und schaffte es einfach nicht.

Schließlich gab ich auf und weinte, weinte, weinte. Erst zum Ende der Stunde konnte ich mich beruhigen.

Die letzten Wochen vor dem Ende der Therapie waren gekommen. Ich träumte viel und bunt.

Herr Jonathan fragte mich, was ich träumte.

»Es sind ganz bunte Träume. Viel Orange. Ich habe geträumt, ich würde in die Rehaklinik fahren und dort würde man feststellen, dass meine Eltern mich mit Bleiche vergiften wollten. Ich war nicht ärgerlich oder so. Eigentlich eher ganz ruhig. Dachte im Traum nur: ›Oh. Ach so.‹ Ich machte mir keine Sorgen.«

»Sie träumen bunt. Und Ihre Eltern wollten Sie mit Bleiche vergiften. Bunt gegen Bleiche. Scheint, als könnten Sie sich inzwischen gut schützen.«

»Meistens. Vor Kurzem war ich bei meinem Neffen. Der hat Geburtstag gefeiert. Eigentlich war alles ganz normal gewesen. Niemand hat irgendetwas Schlimmes getan. Aber als ich dann im Zug saß und nach Hause fuhr, hatte ich schlechte Laune und unheimliche Schuldgefühle und war so ärgerlich, dass ich mich am liebsten mit dem Schaffner angelegt hätte, weil die Bahn das mit den Fahrkarten in den Grenzgebieten zwischen den Bundesländern einfach nicht geregelt bekommt. In meiner Phantasie hab ich mir das richtig ausgemalt. Dass ich dann Strafgebühren wegen Schwarzfahren zahlen soll und mich weigere und der Schaffner die Polizei ruft. Zum Schluss komme ich ins Gefängnis. Alles ziemlich übertrieben. Aber ich war auf 180.«

»Was kam zuerst? Die schlechte Laune, die Schuldgefühle oder der Ärger?«

Ich überlegte und schämte mich ein wenig, als ich daran dachte. Denn die Schuldgefühle waren hochgekommen, weil ich den ganzen Nachmittag lang ziemlich angegeben hatte mit all dem Guten, was mir in der letzten Zeit passiert war. Irgendwie hatte ich auf die Anerkennung meiner Mutter gewartet. Da die ausblieb, hatte ich meine Versuche immer weiter gesteigert – und hinterher das ungute Gefühl, meine Mutter damit sogar vertrieben zu haben.

»Ich glaube, zuerst die Schuldgefühle, dann die schlechte Laune und dann der Ärger.«

»Erinnern Sie sich noch an Ihre Bilderfolge?«

Natürlich. Ich nickte. Das Baby, der Frosch, die Mauer und der Elefant.

»Das erinnert mich jetzt daran.«

Ach ja. Das bedürftige Baby war wohl mein Wunsch nach Aufmerksamkeit. Dann folgten der gierige Frosch und das Gefühl der Ablehnung durch meine Mutter. Die Mauer. Schuldgefühle über meine Gier. In der schlechten Laune dann Einsamkeit und Verlassenheit. Und dann der wütende Elefant.

Manchmal fragte ich mich, wie oft ich noch in diesen Kreis einsteigen würde. Längst konnte man meine Missstimmungen nicht mehr ernsthaft Depression nennen. Aber die Unsicherheit saß tief, und auch wenn sie mir schneller bewusst wurde, verflog sie nicht über Nacht. Ich musste lachen, als ich daran dachte, wie naiv ich meine Arbeit als Psychotherapeutin begonnen hatte. Damals hatte ich mich ernsthaft gefragt, worüber ich mit meinen Patienten nach einem Jahr noch sprechen sollte.

Meine Arbeit machte mir Spaß. Auch wenn ich immer wieder mal an mir zweifelte, so fühlte ich mich doch meist zufrieden und glücklich, wenn ich mittags die Praxis verließ.

Bei meinem Supervisor hatte ich einen Raum angemietet, in dem ich inzwischen fünfzehn Patienten behandelte. Bald würde ich meine Ausbildungsbehandlungen abgeschlossen haben und mich dann für die Approbationsprüfung anmelden können. Manchmal fragte ich mich, ob ich gut arbeitete, da ich so anders war als Herr Jonathan. Seine Gelassenheit, seine Ruhe, seine Geduld hatten mir gutgetan. Ich dagegen war eine ungeduldige Therapeutin. Trotzdem waren meine Versuche, wie Herr Jonathan zu sein, nicht von großem Erfolg gekrönt. Klappte einfach nicht. In meiner Angst, zu ungeduldig, zu wenig nachgiebig zu sein, erkannte ich meine langjährige Angst wieder, zu viel zu sein, zu viel zu wollen. Wenn ich mich fragte, ob ich eine Patientin zu deutlich mit etwas konfrontiert hatte, fiel es mir manchmal schwer einzuschätzen, ob diese Sorge nicht mehr mit mir als mit ihr zu tun hatte. Meine hartnäckigen Schuldgefühle waren dann Thema in Supervision und Selbsterfahrung.

Oft erleichterte mir meine Erfahrung mit all diesen Gefühlen aus meiner eigenen Therapie aber auch meine therapeutische Arbeit. Ich wusste, wie schlimm der Urlaub des Therapeuten für Patienten sein kann. Ich wusste auch, wie sich Verzweiflung und tiefe Verlassenheit anfühlten und wie hilfreich es sein konnte, wenn jemand dann einfach deutlich machte, dass er sich berühren ließ, ohne selbst weggeschwemmt zu werden von diesen Gefühlen. Da ich selbst so häufig ärgerlich auf Herrn Jonathan gewesen war, fiel es mir relativ leicht, Ärger meiner Patienten auszuhalten und zu verstehen zu versuchen, statt mich zu verteidigen. Einige Sätze, die ich von Herrn Jonathan kannte, verwendete ich inzwischen gerne selbst. Und ich versuchte, ähnlich achtsam mit meinen Patienten umzugehen. Oft war ich sehr berührt, wenn ich merkte, dass ein Patient einen Entwicklungsschritt machte, der mir aus meiner eigenen Therapie vertraut war.

Ich konnte mich gut an meine Ängste, mein Zögern, meine Mutlosigkeit erinnern, und das half mir, gemeinsam mit meinen Patienten einen Weg über diese Ängste hinweg zu finden. Einen Weg, der ihr eigener war.

Wenn ich Berichte über Patienten für den Gutachter der Krankenkasse schrieb, dachte ich gelegentlich darüber nach, was Herr Jonathan wohl damals über mich geschrieben haben mochte. Ich fühlte mich dann immer ein wenig mehr fehlerhaft als sonst. Begann manchmal, meine Fachliteratur zu durchforsten. Um zu finden, was da über mich drinstand? Um mir selbst zu zeigen, dass ich im Grunde ganz okay war? Auf der Suche nach meiner endgültigen Diagnose?

Diagnosen stellen gehört zu meinem Beruf. Menschen beurteilen. Probleme einschätzen. Warum ist es überhaupt wichtig, Menschen so einzuordnen? Ich versuchte, mich selbst davon zu überzeugen, dass ich eine exakte Diagnose brauche, um zu wissen, wie ich die Behandlung planen will. Diagnosen müssen allerdings nur vergeben werden, wenn es einen guten Grund dafür gibt. Ich war nicht mehr in Therapie. Niemand hatte mehr einen Grund, mir eine Diagnose zu geben. Ich hätte mir also einfach sagen können: »Gott, ich fühl mich gut, ich schade niemandem großartig. Vielleicht bin ich manchmal komisch. Aber das ist schließlich jeder mal.« Doch ganz so einfach fand ich das nicht. Zum einen, weil ich immer noch recht gerne »richtig« sein wollte, auch wenn ich das nicht mehr ständig in Frage stellte. Zum anderen blieb die Frage: Wie gesund muss man gerade als Therapeutin eigentlich sein? Reicht es, einigermaßen glücklich zu sein? So eine Pi-mal-Daumen-Gesundheit? Therapeuten, die in ihrem Leben noch nie eine psychiatrische Diagnose erhalten haben, können sich da recht entspannt zurücklehnen. Außer es plagt sie die Sorge, wann endlich ihre »Macke« entdeckt wird. Aber Therapeuten, die schon einmal als »krank« eingestuft wurden? Was ist mit denen? Wenn psychische Krankheit und Gesundheit ineinander übergehen, wann kann ich dann sagen, ich bin gesund genug?

Freud definierte als Ziel der Therapie: Herstellung der Liebes- und Arbeitsfähigkeit. Arbeitsfähig war ich, und ich hatte Menschen, die ich liebte. Eine Beziehung hatte ich nicht. Andere wiesen mit manchmal geradezu ideologischem Eifer darauf hin, dass eigentlich nur jemand, der »durch das dunkle Tal geschritten« ist und selbst erfahren hat, was es bedeutet zu leiden, auch heilen kann. Wieder andere waren ein wenig vorsichtiger und vertraten die Ansicht, dass man niemanden weiter begleiten kann, als man selbst gegangen ist. Bei Problemen, die man in sich selbst nicht gelöst hat, wird man auch keinem anderen helfen können. Und schließlich gab es die, die meinten, dass Therapie ein gegenseitiger Prozess sei und sich auch die Therapeuten in einer guten Therapie veränderten.

Als ich so krank war, dass ich kaum meine eigene Stimmung stabil halten konnte, wäre ich sicher eine schlechte Therapeutin gewesen. Jemanden zu therapieren erfordert die Fähigkeit, die eigenen Absichten, Probleme, Wünsche und Motive zeitweise hintanstellen zu können. Zwar konnte ich mich gut daran erinnern, wie es sich anfühlte zu glauben, dass man nicht liebenswert ist. Ständig an sich zu zweifeln. Sich nie, nie sicher zu fühlen. Sich so verlassen zu fühlen, dass man das Gefühl hat, das eigene Ich löst sich in wenigen Augenblicken auf. Wenn ich jedoch nun als Therapeutin einem Patienten gegenübersaß, trat auf eine bestimmte Weise mein eigenes Leid, das an diese Erinnerungen gebunden war, in den Hintergrund. Natürlich fühlte ich mit. Natürlich war ich ein lebendiges Gegenüber meiner Patienten. Aber ich fühlte mich nicht so, als würde ich wieder selbst in der Situation stecken. Ich konnte mir vorstellen, wie sich meine Patienten fühlten, aber gleichzeitig erlebte ich jedes Mal auch die Hoffnung und Zuversicht, dass diese Gefühle bewältigt werden konnten. Vielleicht spürte ich die Hoffnung so deutlich, weil ich mich in dem jeweiligen Setting mit meiner therapeutischen Rolle oder mit Herrn Jonathan und anderen Therapeuten, die ich kannte, besonders identifizierte. Herr Jonathan hatte in solchen Situationen manchmal zu mir gesagt: »Ich weiß, dass Sie sich jetzt ganz hoffnungslos fühlen, aber es wäre nicht hilfreich, wenn ich mit Ihnen dort drin versinke.« Und dann hatte er gewartet, dass ich meinen Weg aus der Dunkelheit fand. Da ich selbst erfahren hatte, dass sich scheinbar hoffnungslose Situationen ändern können, dass ich mich ändern konnte, dass Gefühle bewältigt werden können, glaubte ich an die Hoffnung. Ich setzte prinzipiell voraus, dass es sie gab. Vielleicht stiegen mir in solchen Momenten häufiger Tränen in die Augen als anderen Therapeuten. Aber es war dann nicht das gemeinsame Versinken in Hoffnungslosigkeit, sondern eine Ahnung des Schmerzes des anderen.

Nicht immer war das für mich so leicht. In der Zeit, als ich mein Praktikum in der Rehaklinik absolvierte, brauchte ich oft viel Kraft, um mich zu konzentrieren und die nötige Distanz wiederzufinden. Jetzt reichte es, wenn ich mir an Tagen, an denen ich mich ein wenig »löchrig« fühlte, vor der Arbeit die Zeit nahm, mich innerlich zu sammeln und mir in meiner Phantasie vorzustellen, wie sich eine Schutzschicht um meinen Körper legt. Wenn ich zu Hause an Patientenberichten arbeitete oder Fachliteratur zu Themen wie Depression, Suizidalität, selbstverletzendem Verhalten und Ähnlichem las, konnte es mir schon passieren, dass sich mit den Erinnerungen stärkere Gefühle aufdrängten. Ich war dann, in meinen eigenen vier Wänden, viel weniger »professionell«. Umso mehr, wenn ich sowieso schon gestresst war oder mich gerade aus diesem oder jenem Grund einsam fühlte oder mein

Selbstwertgefühl durch irgendetwas angeknackst worden war. Aber das passierte nur sehr selten, so dass ich es mir leisten konnte, mich an solchen Tagen um mich selbst zu kümmern und Berichte und Literatur einfach liegen zu lassen.

Für mich hatte sich im Lauf der Therapie ein völlig unbekanntes Leben eröffnet. Oft hatte ich das Gefühl, mich neu zu entdecken. Eigenschaften, die ich mir früher zugeschrieben hatte, trafen nicht mehr auf mich zu. Längst fühlte ich mich nicht mehr so unsicher. Es war im Gegenteil eher so, dass meine neu gewonnene Sicherheit mich irritierte. Wenn ich mich früher mit jemandem getroffen hatte, dachte ich hinterher stundenlang darüber nach, welchen Eindruck ich wohl hinterlassen hatte und ob ich mir der Zuneigung des Betreffenden noch sicher sein konnte. Heute kam ich nach Hause und verbrachte im Normalfall keine zehn Sekunden mit solchen Überlegungen. Ich spielte nicht mehr in Gedanken die Vergangenheit durch, sondern lebte einfach weiter.

»Nichts bleibt mehr haften«, beschwerte ich mich bei Herrn Jonathan. »Ich will mich ja nicht beklagen. Und es ist auch gut so, dass ich nicht mehr so viel darüber nachgrübele. Trotzdem macht mir das auch Sorgen. Aber nicht mal diese Sorgen bleiben haften. Vielleicht werde ich zu sorglos.«

»Vielleicht könnte man auch sagen: Nichts bleibt mehr kleben?«

»Ja, vielleicht. Ich bin ja auch dankbar dafür. Aber irgendwie fehlt dann doch auch etwas.«

Ich konnte das nicht weiter erklären. Sogar wenn ich mit Herrn Jonathan uneins war oder nach Beendigung der Stunde noch nicht alle Fragen geklärt waren, zuckte ich innerlich nur mit den Schultern und dachte: ›Ach dann. Mal sehen, wie's nächste Woche wird.‹ Vielleicht musste ich nicht mehr ständig grübeln, weil ich mir jetzt sicher war, dass er mich mochte. Weil ich ihn nicht mehr »verlor« zwischen den Stunden. Aber natürlich bedeutete dies auch, dass er weniger Raum in meinen Gedanken einnahm und mir also fehlte.

Ich erinnerte ihn an mein »Geständnis« von vor einem Jahr: Ich sei glücklich und zufrieden nach einer Stunde, wenn ich das Gefühl hätte, er möge mich.

»Endlich! Ich hatte schon befürchtet, Sie sprechen das erst in der letzten Stunde an.« Er machte eine Pause. Und sagte dann: »Ich mag Sie.«

Ich verdrehte die Augen und lachte. Das war mir peinlich.

»Weiß ich doch längst.«

Ich spürte, dass ich rot wurde.

Wir schwiegen. Nach einer Weile meinte ich: »Wissen Sie, irgendwie *brauche* ich Sie nicht mehr. Aber ich fürchte doch, dass ich Sie unheimlich vermissen werde. Ich habe neulich an meine erste Stunde bei Ihnen gedacht. Und da ist mir eingefallen, dass ich hierhergekommen bin und gesagt habe: ›Es ist alles gar nicht so schlimm, wie es scheint.‹ Ich glaube, ich wollte, dass Sie sagen, dass es doch schlimm ist. Dass Sie für mich diese Seite vertreten. Dass Sie sagen, was richtig ist und was falsch. Auf eine Weise habe ich Sie benutzt. Eigentlich ist das nicht nett. Jemanden zu benutzen. Wie eine Marionette. Oder eine Puppe.«

»Kinder spielen doch mit Puppen. Das gehört dazu.«

»Ja, das stimmt. Aber jetzt möchte ich wieder selbst beurteilen, wie ich was finde. Ich kann mich selbst verteidigen. Wenn ich hierherkomme, fühle ich mich immer ganz klein und kindlich. Ich wünschte, ich würde mich erwachsen fühlen, wenn ich gehe.«

»Das brauchen Sie nicht. Sie brauchen nicht erwachsener zu sein, als Sie innerlich sind.«

»Was, wenn ich Sie sehr vermissen werde?«

»Dann werden Sie mich sehr vermissen.«

»Eigentlich ist es ungerecht, dass die Therapie einfach so endet, nur weil die Kassen das bestimmen, dass Therapien so und so lange dauern. Das ist doch willkürlich.«

»Stimmt.«

»Vielleicht werde ich ja so eine verrückte Stalkerin hinterher und schlafe vor Ihrer Praxis.«

Wir lachten.

Ich wurde wieder ernst, weil ich noch eine Frage hatte, deren Antwort ich zwar zu kennen glaubte, die ich Herrn Jonathan aber trotzdem unbedingt stellen wollte: »Glauben Sie, dass die Therapie ein gutes Ende gefunden hat? Also, dass ich jetzt gesünder bin?«

»Ja. Ja. Auf alle Fälle. Ich würde sagen, Sie sind geheilt.«

Er führte es noch ein wenig aus, aber ich hatte alles gehört, was ich hören wollte.

In der folgenden Nacht lag ich lange wach und stellte mir vor, ich sei ein Fisch. Jahrelang hatte ich geglaubt, dass es nicht genügend Wasser zum Überleben gibt, und versucht, das kleinste bisschen mit meinen Flossen festzuhalten. Jetzt konnte ich es einfach durch meine Kiemen strömen lassen und darauf vertrauen, dass überall um mich herum genug Wasser zum Atmen war.

Die letzte Stunde kam.

»Es ist komisch, ich habe keine Kopfschmerzen, mir ist nicht übel, ich bin nicht depressiv. Nichts. Das scheint mir irgendwie unangemessen.«

»Im Gegenteil. Ich finde das völlig angemessen.«

»Nein. Nicht für mich. Oder nicht für mich, wie ich mich kenne. Für mich wäre es völlig angemessen, zumindest Kopfschmerzen zu haben. Ich bin zwar traurig, aber auch nicht völlig. Gerade vorhin in meiner Praxis habe ich sogar gelacht.«

»Für Ihr früheres Ich wäre es angemessen gewesen. Schön,

dass Sie jetzt etwas ganz anderes fühlen. Das scheint mir sehr lebendig.«

Da man als Therapeut seine eigenen Konflikte und unbewussten Einstellungen gut kennen sollte, um die Probleme der Patienten von den eigenen trennen zu können, muss jeder Therapeut innerhalb der Ausbildung eine eigene Lehrtherapie machen. Für diese Selbsterfahrung suchte ich noch jemanden, und das erzählte ich ihm.

»Eine Frau oder einen Mann?«

»Eine Frau«, ich lächelte verlegen, »aber nicht, dass Sie denken, mit Ihnen als Mann wäre es nicht gut gewesen.« Er scherzte: »Nein, ich dachte, nach mir können Sie gar keinen anderen Mann haben.«

Wir lachten zusammen.

Ich hatte ihm ein Abschiedsgeschenk gemacht. Einen Stein in Filzwolle gefasst. Herr Jonathan fragte mich, was die Farben der Wolle bedeuteten. Ich nahm ihm den Stein aus der Hand und fuhr die Streifen mit dem Finger nach.

»Das Rot bin ich. Und das dunkle Blau steht für Ihren Namen. Sie wissen, dass ich Synästhetikerin bin?«

Herr Jonathan schüttelte den Kopf.

»Ist auch nicht so wichtig. Aber ich sehe Buchstaben farbig. Nein, ich sehe die Buchstaben nicht farbig, aber ich empfinde sie farbig. Zu jedem Buchstaben gehört halt eine Farbe. Wenn man beispielsweise von einem Ton sagt, er klinge hell oder dunkel, so empfinde ich ihn nicht nur hell oder dunkel, sondern auch farbig. Und mein Name wird von sehr klaren, intensiv roten Buchstaben dominiert. Der erste Buchstabe ist immer sehr wichtig für die Farbe eines Wortes. Das M in Merle ist ein starkes Dunkelrot und auch das E ist leuchtend rot. Das lässt meinen ganzen Namen rot strahlen. Bei Ihrem Namen ist der erste Buchstabe schwarz und dann folgen einige sehr kräftig gefärbte Buchstaben. Blau und Rot.

Am Ende noch ein sonniges Gelb. Sehr schön. Intensiv. Satt. Danach habe ich Ihren Namen damals aus dem Telefonbuch ausgewählt, weil ich ja sonst nicht wusste, wonach ich mich entscheiden sollte.«

Herr Jonathan hatte mich vor einigen Wochen gefragt, ob ich etwas aus seiner Praxis mitnehmen möchte. Ein Übergangsobjekt. Wie ein Teddybär oder Kuscheltuch für ein Kind. Etwas, das mich an ihn und uns erinnerte. Ich war nicht wieder darauf zurückgekommen, weil ich nicht wusste, was ich mir wünschen sollte. Herr Jonathan hatte viele Vorschläge gemacht, wie ich den Therapieabschluss gestalten könnte. Einfach früher gehen oder noch ein paar zusätzliche, selbstfinanzierte Therapiestunden nehmen, bis ich das Gefühl hatte, es sei genug. Oder halt etwas von ihm mitnehmen. Obwohl ich stundenlang darüber nachgrübelte, konnte ich mich zu keiner Entscheidung durchringen. Für mich war das Ende der Therapie sowieso schon so aufwühlend, dass ich mich nicht getraute, auch noch irgendetwas am äußerlich vorgegebenen Verlauf zu ändern. Wie sollte ich wissen, was besser wäre und was schlechter und was ich wollte? Ich wäre gerne mutiger gewesen, aber es ging halt nicht. Also hatte ich abgelehnt und gesagt: »Ich nehme sowieso schon immer ein Stückchen von Ihnen mit.« Und es stimmte. Ich nahm ein Lächeln mit. Oder einen Blick. Einen bestimmten Tonfall oder ein wichtiges Wort. Aber zur letzten Stunde hatte ich mir zusätzlich noch einen zweiten Stein geschaffen. Den »Bruder« von Herrn Jonathans Stein. Ich nahm ihn in meiner Handtasche mit und er blieb dort die ganze Zeit und sog sich voll mit der Herr-Jonathan-Energie. Zu Hause nahm ich ihn später in die Hand, wenn ich mich einsam fühlte oder traurig.

Jetzt machte Herr Jonathan mir ein weiteres Angebot.

»Vielleicht möchten Sie, dass ich in der nächsten Woche

oder in den nächsten vier Wochen an einem Tag eine Stunde lang an Sie denke.«

Das hatte etwas mit Ende und Abschiednehmen zu tun, das ich nicht verstand. Herr Jonathan sprach nicht gerne vom Ende der Therapie. Ende. Vorbei. Nimmerwiedersehen. Er meinte, es bräuchte ja kein Ende zu sein. Etwas bliebe fortbestehen. Ich verstand das nicht richtig. Natürlich wäre es schön, wenn etwas bleiben würde. Aber was? Sein Vorschlag war mir zu viel.

»Oder könnten Sie vielleicht einfach so zwischendurch manchmal an mich denken? Ich wüsste gerne, dass Sie mich nicht vergessen.«

Er dachte nach und nickte dann.

»Kann ich Sie denn anrufen, wenn ich das Gefühl habe, ich habe Sie wieder ›verloren‹? Oder Ihnen mal eine Karte schicken? Aus dem Urlaub?«

»Natürlich. Ich würde mich auch über einen Brief freuen.«

Zum Abschied nahm er mich in den Arm.

14.03.2004

Hallo Herr Jonathan,

Sonntagabend. Normalerweise würde ich jetzt denken, ah, bald ist Dienstag. Jetzt fehlen Sie mir schon vor dem ersten Dienstag. Bevor Sie also eigentlich wirklich fehlen. Chronologisch gesehen.

Nein, ganz so leicht ist mir nicht ums Herz, aber es fällt mir auch schwer, »schwer« zu schreiben. Vielleicht gibt es ja doch etwas Leichtes in mir. Vielleicht ist der Schmerz aber auch so kräftig, dass es einfacher ist, leicht zu bleiben. Manchmal fühle ich mich, als würde mir ein wichtiges Stück meiner Selbst fehlen. Nein, das stimmt auch nicht.

Ich bin aufgeregt und schreibe so flüchtig.

Ich habe Angst. Ich bin sehr, sehr traurig, wenn ich daran denke, dass ich Sie nie wieder so nah haben werde wie in den letzten zwei Jahren. Am liebsten würde ich jeden Tag sagen, dass ich Sie sehen möchte. Möchte ich auch.

Ich bin auch froh. Meine Freunde verstehen mich zwar nicht alle, aber sie hören zu, trösten. Ich kann mich geborgen fühlen. Trotzdem. Trotz des großen Loches.

Ich freue mich, dass es kein Ende ist. Dass etwas fortbesteht. Manchmal sehe ich aus dem Fenster und denke daran, dass Sie gerade jetzt irgendwo in dieser Stadt sind. Sie sind da und ich bin da.

Liebe Grüße,
Merle Leonhardt

Wohlgefühl

Herbst 2010

In den ersten Wochen und Monaten nach dem Ende der Therapie dachte ich oft an Herrn Jonathan. Er fehlte mir. Nicht so schlimm, wie ich befürchtet hatte, aber doch sehr. Ich fühlte mich ein Stück unruhiger, unsicherer ohne Therapie. Es war, als suchte ich krampfhaft irgendetwas. Ich dachte an Möbel, an Männer, an Familie. Irgendwann hörte ich die Beatles: *Let it be.* Vermutlich fehlte mir tatsächlich etwas. Sicher wollte ich einen Partner und eine eigene Familie. Lebensziele. Ganz zu schweigen von neuen Möbeln. Aber inzwischen habe ich den Verdacht, dass ein Teil dieser Unruhe, dieser Sehnsucht nach Befriedigung und Stabilität, mit einem Rest meiner alten Angst zu tun hatte. Mit der Angst, allein zu sein, verlassen zu werden, in tiefste Einsamkeit zu stürzen.

Längst lande ich nicht mehr in Depressionen. Die Angst ist bewältigbar. Aber ein tiefliegendes Unsicherheitsrestgefühl ist geblieben. Und muss von mir ausgehalten werden, indem ich Möbel kaufe oder ins Café gehe oder auch auf meiner neuen Couch weine oder *Let it be* auf meinem Balkon summe, bis die Stimmung vorübergeht. Einen Teil der Unruhe werde ich vielleicht nie loswerden. Dem Leben seinen Lauf lassen, daran übe ich mich und habe doch das Gefühl, dass mir dazu auf sehr grundlegende Weise das nötige Vertrauen fehlt. Für mich ist es immer noch eine Glaubensübung, kein Erfahrungswissen. Allerdings habe ich mit Glauben ziemlich viel Erfahrung. Da kenne ich mich aus.

Ich bin gesund. Die Gefühle kommen und gehen. Ich fühle

mich lebendig mit ihnen. Meine Freundin hat mir ein neues Wort beigebracht für meinen Zustand: Ich fühle mich *wohl*. Ich bin nicht neutral wie die Schweiz. Ich halte mich nicht raus. Sehr selten denke ich noch an die medikamentös erreichte Gefühllosigkeit zurück. Um nichts in der Welt wollte ich sie zurück. Ich spüre Ärger, Traurigkeit, Glück, Freude, Liebe, Angst, Eifersucht, Neid, Scham, Wut, Gelassenheit, Frieden, Sehnsucht, Lust. Und fühle mich wohl damit.

Manchmal frage ich mich dann, wie das nun eigentlich passiert ist. Wenn ich in alten Tagebüchern aus der Zeit meiner ersten Therapie bei Herrn Lehmann lese, sehe ich dieselben Worte, dieselben Themen, die ich später auch mit Herrn Jonathan besprochen habe. Und auch Frau Grave in der Klinik sprach von Bedürfnissen und Angst. Ich selbst hatte darüber dutzende Bücher gelesen. Doch mit den Worten allein war es offensichtlich nicht getan.

Mir fallen zwei Begriffe ein, die möglicherweise den therapeutisch wirksamen Unterschied ausmachten: Glaubwürdigkeit und Zeit. Ich zweifelte zutiefst daran, liebenswert zu sein. Um diese Zweifel mildern zu können, musste ich spüren, dass jemand sie wirklich gut kennt, ernst nimmt und ihnen glaubwürdig entgegentritt. Glaubwürdig heißt: nicht rein intellektuell. Mit Integrität. Liebe. Wohlwollen. Oberflächlich kann mir jeder sagen, dass ich in Ordnung bin. Das hört man heutzutage ja schon im Nachmittagsfernsehen, ohne dass die Gesellschaft dadurch merklich glücklicher wird. Glaubwürdig wird es erst, wenn ich es innerhalb einer Beziehung spüren kann. Und ich brauchte die Zeit und Gelegenheit, auszuprobieren und zu testen, wie sehr ich darauf vertrauen konnte. Ich musste erfahren, dass es erträglich war, wenn das Wohlwollen Grenzen hatte.

Als Therapeutin versuche ich, meinen Patienten diese Erfahrung zu ermöglichen. Arbeite mit ihnen an ihren tiefen

Zweifeln und Unsicherheiten. Bemühe mich um Glaubwürdigkeit, Ernsthaftigkeit. Und versuche herauszufinden, wo und warum mein Wohlwollen ihnen gegenüber Grenzen hat. Meine Arbeit macht mir meistens Freude. Ich denke an Herrn Jonathan, der mir einmal sagte, als ich ihn bemitleidete, weil er bei so sonnigem Wetter arbeiten musste: »Ach, wissen Sie, ich freue mich, wenn ich hierher in die Praxis kommen kann. Es ist so ruhig.« Er stutzte einen Moment. »Was denken Sie nun wohl, wie schlimm es bei mir zu Hause ist?« Wir lachten.

Solche kleinen Erinnerungen geben mir immer wieder Geborgenheit. Sicherheit in meinem Unsicherheitsrestgefühl. Das Gefühl, nach dem ich mich mein ganzes Leben lang sehnte. Ich habe Herrn Jonathan nicht verloren. Und mich selbst auf eine Art neu gefunden. Ich fühle mich wohl mit mir.

Hilfe zur Selbsthilfe

Manuel Tusch
Liebe
Warum Sie mehr verdienen und wie Sie mehr bekommen
ISBN 978-3-423-**26133**-3

Sibylle Barden-Fürchtenicht
Triumph des Mutes
Wie wir unsere Angst besiegen und erfolgreich Krisen meistern
ISBN 978-3-423-**34894**-2

Jochen Mai
Warum ich losging, um Milch zu kaufen, und mit einem Fahrrad nach Hause kam
Was wirklich hinter unseren Entscheidungen steckt
ISBN 978-3-423-**26131**-9

Scott Stossel
Angst
Wie sie die Seele lähmt und wie man sich befreien kann
Übers. v. A. Emmert
ISBN 978-3-423-**34881**-2

Monika Matschnig
Die Macht der Wirkung
Selbstinszenierung verstehen und damit umgehen
Mit farbigem Bildteil
ISBN 978-3-423-**26113**-5

Cornelia & Stephan Schwarz
Schluss mit Psychospielchen
Buddhistische Psychologie für Alltag und Business
ISBN 978-3-423-**26115**-9

Jia Jiang
Wie ich meine Angst vor Zurückweisung überwand und unbesiegbar wurde
Ein Selbstversuch in 100 Schritten
Übers. v. B. Lemke
ISBN 978-3-423-**26116**-6

Robert Greene
Perfekt
Der überlegene Weg zum Erfolg
Übers. v. K. Hald, F. Pflüger und E. Schmid
ISBN 978-3-423-**34882**-9

David Adam
Zwanghaft
Wenn obsessive Gedanken unseren Alltag bestimmen
Übers. v. U. Pesch
ISBN 978-3-423-**34879**-9

Mahzarin R. Banaji
Anthony G. Greenwald
Vor-Urteile
Wie unser Verhalten unbewusst gesteuert wird und was wir dagegen tun können
Übers. v. E. Heinemann
ISBN 978-3-423-**26071**-8

Hilfe zur Selbsthilfe

Christina Berndt
Zufriedenheit
Wie man sie erreicht und warum sie lohnender ist als das flüchtige Glück
ISBN 978-3-423-**26112**-8

Resilienz
Das Geheimnis der psychischen Widerstandskraft
Was uns stark macht gegen Stress, Depressionen und Burnout
ISBN 978-3-423-**34845**-4

Bruno Bettelheim
Kinder brauchen Märchen
Übers. v. L. Mickel und B. Weitbrecht
ISBN 978-3-423-**35028**-0

Martin Betschart
Ich weiß, wie du tickst
Wie man Menschen durchschaut
ISBN 978-3-423-**34739**-6

Gian Domenico Borasio
Über das Sterben
Was wir wissen. Was wir tun können. Wie wir uns darauf einstellen.
ISBN 978-3-423-**34807**-2

Diana Dreeßen
Steh auf und nimm dein Leben in die Hand
Kurskorrkturen für Anfänger und Fortgeschrittene
ISBN 978-3-423-**26094**-7

Mach dich unbeliebt und glücklich und nimm dir vom Leben, was du willst
ISBN 978-3-423-**34883**-6

Oggi Enderlein
Große Kinder
Die aufregenden Jahre zwischen 7 und 13
ISBN 978-3-423-**36220**-7

Caroline Eliacheff
Das Kind, das eine Katze sein wollte
Psychoanalytische Arbeit mit Säuglingen und Kleinkindern
Übers. v. S. Farin
ISBN 978-3-423-**35135**-5

Christoph Emmelmann
Das kleine Lachyoga-Buch
Mit Lach-Übungen zu Glück und Entspannung
ISBN 978-3-423-**34429**-6

Der kleine Krisenhelfer
Mit Übungen für mehr Gleichgewicht im Leben
ISBN 978-3-423-**34798**-3